刑事诉讼程序

王宏璎 ◎ 编著

甘肃文化出版社

编 委 会

顾　　　问：罗笑虎　郝洪涛
主　　　任：张余胜　杨景海
委　　　员：李玉政　汪晓军　袁爱华　赵　莉
　　　　　　文斌虎　罗和平　梁　辉　卢旺存
　　　　　　刘　伟　邢　玮　雷建宏　相连生
　　　　　　李功国　刘志坚　马玉祥　江合宁
　　　　　　刘晓霞　傅连宴　谢国西　管卫中
　　　　　　车满宝　王　奕　温雅莉
总 主 编：张余胜　杨景海
副 总 主 编：袁爱华　相连生
总 策 划：谢国西　李功国
执 行 主 编：李功国　谢国西
执 行 副 主 编：管卫中　车满宝
执 行 编 辑：鄢军涛　周乾隆

总 序

中共甘肃省委常委
甘肃省委政法委书记　罗笑虎
甘肃省法学会会长

《农家书屋文库·法律系列》是一套为农民所写、为农民服务的法律丛书。这套丛书的出版发行,是我省积极响应国家"农家书屋"工程、推动全省农村法治建设的一项重要举措,也是法律和法学工作者创新普法载体、积极为"三农"服务的一个新尝试。

依法治国是党领导人民治理国家的基本方略,也是社会主义民主政治的基本要求。法治是需要法治基础的,这个基础包括法律知识的普及和法律思想的培养。历史经验反复证明,法治之舟,唯有获得人民群众的广泛参与,才能不断破浪前行;法治之树,唯有人民群众的热情浇灌,才能根深叶茂。特别是在我们这样一个农民占绝大多数的国度,能否有效地在农村普及法律知识、增强农民的法律素质和法律意识,很大程度上影响着依法治国的进程。而要真正增强农民的法律素质和法律意识,就必须不断创新法制宣传教育的方式和载体。正是基于这样的考虑,这套面向全国发行、总共60部、近千万字的法律丛书,始终坚持紧密结合农民生活实际的编辑原则,以一事一议、一问一答、以案说理的形式编辑,力求用农民朋友熟悉的语言、身边的事情来宣传法律知识、普及法律知识。这套丛书分为法理、宪法、行政法、民法、商法、婚姻法、经济法、刑法、生态环境与自然资源法、知识产权法、社会法、诉讼法等十二个门类,涵盖了农村经济、政治、文化、社会、生态建设等诸多领域的法律问题。出版后将由政府采购,分送全省农家书屋,相信会受到广大农民读者的欢迎与喜爱。

这套丛书的编辑出版,凝聚着各个方面的心血。中国法学会会长韩杼滨同志专门委派有关同志来我省调研指导,甘肃省法学会、甘肃省新闻出版局和甘肃文化出版社等单位做了大量富有成效的工作。各位作者来自省内高等院校、科研机构、党政机关和政法部门,他们编写这套丛书大多都是利用业余时间进行的,充分体现了他们高度的社会责任感和对农民朋友的深情厚意。在此我谨向所有为这套丛书提供支持帮助的单位和付出辛勤劳动的作者编辑深致谢意!

2009 年 5 月

前　言

在现代社会,诉讼是国家司法活动的重要内容,国家司法权通过诉讼活动得以实现,从而达到解决社会纠纷、实现法律正义的目的。根据诉讼的内容和形式不同,诉讼活动可以具体分为刑事诉讼、民事诉讼和行政诉讼三部分。

在我们的日常生活中经常遇到的案件是刑事案件。解决这些刑事案件需要依照刑事诉讼法规定的刑事诉讼程序进行,而刑事诉讼程序是专业性较强的一门学科。为了使有基本法律常识的人能够正确运用刑事诉讼程序解决相应的刑事问题,为了便于读者直接运用相应的法律知识有针对性地解决具体的法律问题,作者采用问答的方式编写了本书。

本书分为两编,上编为刑事诉讼基本法律知识。按照刑事诉讼法规定的刑事诉讼程序,通过案例分析的方式,对基本刑事诉讼知识进行了介绍,使读者对具体案件中涉及的法律知识有一个直观的了解。下编是刑事诉讼过程中常用的法律文书格式,便于读者规范书写法律文书。

目 录

上编　刑事诉讼基本法律知识问答 …………………………（ 1 ）
  1.什么是诉讼？………………………………………………（ 1 ）
  2.我国诉讼的分类有哪些？…………………………………（ 1 ）
  3.什么是刑事诉讼？刑事诉讼有哪几个阶段？……………（ 2 ）
  4.什么是刑事诉讼法？………………………………………（ 3 ）
  5.哪些国家机关可以参加刑事诉讼？………………………（ 4 ）
  6.我国公安机关的性质和设置是怎样的？公安机关在
    刑事诉讼中的职权是什么？………………………………（ 4 ）
  7.人民检察院的职能和设置是怎样的？人民检察院在
    刑事诉讼中的职权有哪些？………………………………（ 6 ）
  8.人民法院的职能和设置是怎样的？人民法院在刑事
    诉讼中的职权是什么？……………………………………（ 7 ）
  9.什么是刑事诉讼参与人？包括哪些人？…………………（ 8 ）
  10.犯罪嫌疑人在刑事诉讼中的权利有哪些？……………（ 10 ）
  11.被害人在刑事诉讼中的权利有哪些？…………………（ 11 ）
  12.在刑事诉讼中犯罪嫌疑人什么时候可以聘请律师？
    聘请的律师有哪些权利？………………………………（ 12 ）
  13.当家里人突然被公安机关带走后怎么办？……………（ 12 ）
  14.什么是管辖？……………………………………………（ 14 ）
  15.哪些案件由人民法院管辖？……………………………（ 15 ）

16.哪些案件由人民检察院管辖？………………………（16）
17.公安机关管辖的案件有哪些？………………………（17）
18.国家安全机关管辖的案件有哪些？…………………（18）
19.林业公安机关管辖什么样的案件？…………………（19）
20.军人违法犯罪了谁管辖？……………………………（19）
21.一个具体的案件由哪一个具体的法院管辖？………（20）
22.什么是回避？为什么要回避？………………………（21）
23.哪些人应当回避？怎样让他们回避？………………（22）
24.什么样的人可以成为被告人的辩护人？……………（24）
25.辩护人的义务有哪些？………………………………（25）
26.辩护人怎样介入刑事诉讼？…………………………（26）
27.被害人及其家属可不可以聘请律师？怎样聘请律师？
　………………………………………………………（28）
28.在刑事案件中，被害人及其家属聘请律师能做什么？
　………………………………………………………（28）
29.在刑事诉讼中，律师代理和其他人代理有什么不同？
　………………………………………………………（29）
30.一个人被公安机关带走之后，能不能请律师？
　他请的律师可以干些什么？…………………………（30）
31.什么样的人可以成为律师？…………………………（30）
32.什么是刑事诉讼强制措施？刑事诉讼强制措施有哪些？
　………………………………………………………（31）
33.强制措施有没有期限的限制？………………………（31）
34.不同的强制措施适用的对象是相同的吗？…………（32）
35.如果嫌疑人、被告人申请取保候审，担保的方式有几种？
　什么样的人能成为担保人？…………………………（34）
36.案件结束后缴纳的保证金是否退还？………………（34）
37.被监视居住的犯罪嫌疑人、被告人遵守的规定和取保
　候审一样吗？…………………………………………（36）

38.如果犯罪行为给受害人造成了财产损失怎么办?……（37）
39.什么是附带民事诉讼?………………………………（37）
40.哪些人可以提起附带民事诉讼?什么时候提起?……（38）
41.受害人可以要求哪些人赔偿?赔偿什么?……………（39）
42.个人能在刑事诉讼中提起附带民事诉讼吗?…………（40）
43.在刑事附带民事诉讼中能不能要求精神损害赔偿?
　………………………………………………………（41）
44.法律对刑事诉讼中的活动有没有时间上的要求?……（41）
45.期间怎样计算呢?……………………………………（42）
46.能不能举例说明期间的各种计算办法?………………（42）
47.法律只是对老百姓规定了期限吗?……………………（43）
48.刑事诉讼法中有上诉也有申诉,这两个诉一样吗?
　时间要求上是相同的吗?……………………………（44）
49.经常能看见法院门口有"通知",这是怎么回事?
　法院什么时候通知?…………………………………（44）
50.一份司法文书怎样才能到达当事人的手中?…………（45）
51.什么是证据?证据最主要的特征是什么?……………（46）
52.刑事诉讼中的证据有哪些?…………………………（46）
53.什么是物证?常见的物证有哪些?……………………（48）
54.什么是书证?收集书证时有什么要求?………………（49）
55.什么是证人证言?证人可不可以拒绝作证?…………（50）
56.什么是被害人陈述?…………………………………（51）
57.什么是鉴定结论?常见的鉴定有哪些?………………（51）
58.如果对鉴定结论有疑问怎么办?……………………（53）
59.什么是视听资料?……………………………………（54）
60.刑事案件中需要有证据证明的事实包括哪些?………（55）
61.谁有权利收集证据?收集证据的基本要求是什么?
　………………………………………………………（55）

62. 一个案件只有被告人的供述，没有其他证据怎么办？
  ………………………………………………………………（56）
63. 如果证人怕被打击报复怎么办？…………………………（57）
64. 我国刑事诉讼法规定谁应当承担案件的证明责任？
  ………………………………………………………………（58）
65. 如果发生了刑事案件，怎样保护现场？…………………（59）
66. 遇到刑事案件怎样向公安机关报案？
  报案时应当注意什么？……………………………………（59）
67. 如何写刑事犯罪检举信？…………………………………（60）
68. 生活中如何预防抢劫案件发生？…………………………（61）
69. 听说有抢夺，如何预防抢夺案件发生？…………………（62）
70. 盗窃有哪些方式？如何预防盗窃案件发生？……………（62）
71. 发生绑架勒索案时怎么办？………………………………（63）
72. 乘坐长途汽车如何预防扒窃？……………………………（64）
73. 自己实施了犯罪行为怎么办？……………………………（64）
74. 刑事诉讼开始的标志是什么？……………………………（65）
75. 立案的材料是什么？有哪些来源？………………………（65）
76. 立案的条件是什么？………………………………………（66）
77. 所有的案件都应当立案吗？………………………………（67）
78. 公安机关应当立案而不立案的时候受害人怎么办？
  ………………………………………………………………（68）
79. 谁可以讯问犯罪嫌疑人？讯问的程序是怎么规定的？
  ………………………………………………………………（68）
80. 受害人死亡原因不明时怎么办？…………………………（72）
81. 搜查过程中应当注意的问题是什么？……………………（73）
82. 如果有关机关扣押了与案件有关的物品，要不要向
  被扣押人出示清单？………………………………………（74）
83. 在电视上经常看见"通缉"某人，这是怎么回事？……（74）
84. 刑事案件的侦查在什么条件下就可以停止了？…………（75）

85.公安机关对侦查终结的案件怎么处理？…………（76）
86.人民检察院审查的内容有哪些？………………（77）
87.警察给犯罪嫌疑人带上手铐能不能再打开了？……（78）
88.人民检察院怎样审查起诉？……………………（78）
89.人民检察院审查结束之后对案件可以怎样处理？……（79）
90.人民检察院不起诉的种类有哪几种？……………（80）
91.检察院作出不起诉的程序是怎样的？……………（81）
92.如果检察院作出了不起诉的决定，行为人就不用
　　承担任何责任了吗？………………………（82）
93.如果受害人认为检察院不起诉的决定是错误的怎么办？
　　…………………………………………（83）
94.刑事诉讼法对人民法院的审判程序是怎样规定的？
　　…………………………………………（84）
95.什么是一审程序？一审程序只有一种程序吗？……（85）
96.自诉案件一审程序有哪些特点？………………（85）
97.公诉案件法庭审判包括哪些环节？每个阶段的
　　工作是什么？………………………………（87）
98.法院开庭之后就一定能够将案件审理结束吗？……（95）
99.人民法院审判一审案件一般多长时间结束？……（96）
100.开庭之前法院应当做好哪些工作？……………（96）
101.被告人在法庭上有哪些权利？…………………（98）
102.如果开庭时被告人是未成年人怎么办？…………（98）
103.简易程序是怎么回事？…………………………（99）
104.简易程序简单在哪些地方？……………………（100）
105.如果被告人认为一审法院的判决有错误时怎么办？
　　…………………………………………（102）
106.如果被害人认为一审法院的判决有错误时怎么办？
　　…………………………………………（103）
107.二审法院可以作出哪些处理？…………………（104）

108.只有被告人上诉的案件,二审法院能不能判处比原
　　刑重的刑罚?……………………………………………(105)
109.如果一个案件有两个以上被告人,只有一个被告人
　　上诉了怎么办?…………………………………………(106)
110.对二审法院发回重审的案件被告人还可以上诉吗?
　　………………………………………………………………(106)
111.一个判决在什么情况下发生法律效力?………………(107)
112.对已经发生法律效力的案件,如果当事人还认为是
　　错误的怎么办?…………………………………………(107)
113.申诉应向哪一级人民法院提出?申诉有无次数限制?
　　………………………………………………………………(108)
114.当事人提出申诉再审程序就可以开始吗?……………(109)
115.如果法院决定对生效的案件重新审判,重新审判的
　　程序是怎样的?…………………………………………(109)
116.对于当事人提出申诉的案件,人民法院是否应当
　　停止执行?………………………………………………(112)
117.被告人判处死刑了可以直接执行吗?…………………(112)
118.法院对死刑案件怎样复核?……………………………(113)
119.死刑立即执行的复核和死刑缓期执行的复核是否
　　一样?……………………………………………………(114)
120.死刑执行的方式有哪些?………………………………(115)
121.哪些机关可以执行刑事判决?…………………………(116)
122.同样判处有期徒刑,为什么有的人在看守所,有的
　　人被送进了监狱?………………………………………(116)
123.法院的判决在执行过程中可以变化吗?………………(116)
124.什么是监外执行?哪些人可以监外执行?……………(117)
125.什么人可以被减刑?……………………………………(118)
126.减刑的程序是什么?……………………………………(119)
127.什么是假释?……………………………………………(120)

128. 被假释的人应当遵守的规定有哪些？有没有人
    监管？ ……………………………………………（120）
129. 假释在什么情况下被撤销？ …………………（121）
130. 罪犯服刑期间发现新罪和漏罪怎么办？ ……（121）
131. 如果一个人被错误地羁押了怎么办？ ………（122）
132. 刑事赔偿的范围是什么？ ……………………（123）
133. 有没有不予刑事赔偿的情形？ ………………（127）
134. 谁承担刑事赔偿的义务？ ……………………（128）
135. 刑事案件赃款赃物是否一律随案移送？ ……（128）
136. 为什么有时候法院把正在审理的案件停了下来？ …（129）
137. 没收财产的判决由谁执行？ …………………（130）
138. 什么情况下当事人的申诉法院会受理？ ……（130）
139. 审判监督程序由谁提起？ ……………………（132）
140. 法律是一成不变的吗？ ………………………（133）

下编　常用法律文书格式 ……………………………（134）
  1. 起诉书 …………………………………………（134）
  2. 刑事申诉状 ……………………………………（135）
  3. 减刑（假释）申请书 …………………………（136）
  4. 刑事附带民事诉讼起诉状 ……………………（136）
  5. 刑事上诉状 ……………………………………（137）
  6. 刑事申诉状 ……………………………………（137）
  7. 刑事自诉案件起诉状 …………………………（138）
  8. 刑事自诉案件反诉状 …………………………（139）
  9. 辩护词 …………………………………………（140）
  10. 重新鉴定、勘验申请书 ………………………（140）

参考文献 ……………………………………………（142）
后记 …………………………………………………（143）

上编　刑事诉讼基本法律知识问答

1.什么是诉讼？

甲村的村民菊花，因为地界的事情和邻居秋兰发生了冲突，秋兰把菊花的两个手指头折断了。菊花看病花了3000元钱，她只想让秋兰赔她3000元钱，她不知道该如何解决，有人说让菊花到法院提起诉讼，可是菊花不知道什么是诉讼。

答：菊花可以到当地法院提起诉讼。诉讼，就是我们平常说的打官司，是国家司法机关在当事人和其他诉讼参与人的参与下依照法定程序，解决纠纷的活动。我们国家解决纠纷权利的机关是人民法院，如果菊花决定仅仅向秋兰要回3000元钱，她就应当向人民法院提起诉讼。

2.我国诉讼的分类有哪些？

大王村的某甲与某乙有仇，一日某甲在集市上看见了某乙，乘某乙不备，将乙推向了正在行驶的汽车，致使乙当场身亡。某甲一看大事不妙，溜回家中，找朋友丙借了1万元钱后潜逃。某甲逃至A市，给他人开出租车为生，一日违反交通规则，被交警罚款200元，某甲不服。

答：某甲的行为是典型的诉讼法中规定的刑事诉讼、民事诉讼、行政诉讼要解决的。在任何一个国家的法律中都有解决一个人刑事责任的刑事法律，又有解决一个人民事纠纷的民事法律等。在我们国家也是一样的，根据纠纷的性质、诉讼的目的、提起诉讼的主体、举证责任等将诉讼分为刑事诉讼、民事诉讼和行政诉讼。

某甲一个人有三个行为，他把某乙推向正在行驶的汽车致使某

· 1 ·

乙当场死亡的行为属于犯罪行为，要通过刑事诉讼让他承担相应的责任。他向朋友丙借钱的行为属于民事行为，如果他的朋友丙想要回自己的借款，就要向人民法院起诉，法院通过民事诉讼程序进行解决。某甲认为交警罚款是错误的，可以向人民法院提起诉讼，法院通过行政诉讼进行解决。

3.什么是刑事诉讼？刑事诉讼有哪几个阶段？

大瞿家的孩子被人打断了三根肋骨，大瞿报了案。公安机关查明是小高一伙人干的，就抓获了小高等人，小高的爸爸找到大瞿表示，只要大瞿到公安机关撤回状子，他们愿意多赔些钱。大瞿就到公安机关说："孩子被打了，我只想让那些打人的人把医药费掏了，不想让你们把他们关起来。"公安机关的同志说："这是刑事案件，已经进入了刑事诉讼程序，撤不撤案你说了不算。"大瞿不明白：打的是我家的娃娃，我说了怎么不算？

答：这个案件中大瞿确实说了不算。因为刑事诉讼法明确规定，如果一个人的行为构成了犯罪，就不允许当事人自己解决，必须由法律赋予职权的机关依照法律的规定解决。大瞿孩子被打的案件，已经是刑事案件，应当通过刑事诉讼来解决。

刑事诉讼是指国家司法机关在当事人和其他诉讼参与人的参加下，依照法定的诉讼程序，处理刑事案件的全部活动。刑事诉讼是一种特殊的国家活动，又是一种诉讼活动，所以同其他国家活动相比，有着自己的特点：（1）刑事诉讼必须由法定的专门机关主持进行，其他国家机关无权进行，我国刑事诉讼的专门机关是指公安机关、国家安全机关、人民检察院和人民法院，只有这些机关才能依法分别行使国家的侦查权、检察权和审判权，只有它们才能进行刑事诉讼；（2）刑事诉讼活动必须是在当事人和其他诉讼参与人的参加下进行，因为它是一种诉讼行为，不是一般的行政活动，如果没有当事人和其他诉讼参与人参加，专门机关也就无从主持进行诉讼活动；（3）刑事诉讼活动必须依法进行，即必须严格依照刑事诉讼法规定的程序和方式进行;(4)刑事诉讼活动的内容是解决被告人或犯罪嫌疑人是否犯罪,犯了什么罪,是否应当受到刑事处罚,处以什么样的刑罚的问题,它是贯彻落实国家刑罚权,解决被告人定罪量刑问题的一项特定的国家活动;(5)刑事诉讼是准确、及时、合法地揭露、证实犯罪,依法惩罚犯罪,同时保障无罪的人不受刑事追究以达到维护社会主义法制,保护公民的人身权利、民主权利和其他权利,保障社会主义经济建设顺利进行的目的。

刑事诉讼包含立案、侦查、审查起诉、审判、执行五个大的阶段:

(1)立案是公安机关、人民检察院、人民法院对报案、控告、举报和犯罪人的自首等方面的材料进行审查,判明是否有犯罪事实并需要追究刑事责任,依法决定是否作为刑事案件交付侦查或审判的诉讼活动。

(2)侦查指由特定的司法机关为收集、查明、证实犯罪和缉获犯罪人而依法采取的专门调查工作和有关的强制性措施。

(3)起诉有两种,包括公诉和自诉。公诉是人民检察院代表国家对自己侦查结束的案件和公安机关侦查结束移送审查起诉的案件,向人民法院提起审判要求的行为。自诉是有些案件的受害人及其法定代理人、受害人的近亲属,不经过公安机关和人民检察院,直接向人民法院提起诉讼的行为。

(4)审判是指人民法院在人民检察院、辩护人、被害人、受害人等参加下,依照法定的权限和程序,对于依法向其提出诉讼请求的刑事案件进行审理和裁判的诉讼活动。

(5)执行则指刑事执行机关为了实施已经发生法律效力的判决和裁定所确定的内容而进行的活动,在我国,刑事执行的主体主要是人民法院、公安机关和监狱等。

4.什么是刑事诉讼法?

大瞿听警察说,他们要按照刑事诉讼法的规定办理案件,还说如果大瞿要想让对方赔偿医药费,可以依照刑事诉讼法的规定提起附带民事诉讼。大瞿听完之后更加糊涂了:什么是刑事诉讼法?

答:大瞿的孩子让人打了的事实,不仅使孩子的身体受到了伤害,还让大瞿家由于给孩子看病,遭受了财产上的损失。但是,整个诉讼过程都应当按照刑事诉讼法规定的程序进行。刑事诉讼法是指国家制定或认可的、有关司法机关和诉讼参与人进行刑事诉讼所应遵守的行为规则的法律规范的总称。狭义的刑事诉讼法专指刑事诉讼法典,广义的刑事诉讼法则包括与刑事诉讼活动有关的一切法律渊源。所有参加到刑事诉讼中的人,无论是代表国家还是以个人的名义,都要遵守刑事诉讼法以及与刑事诉讼活动有关的一切法律的规定。如果违反规定就应当承担相应的责任。

5.哪些国家机关可以参加刑事诉讼?

上李村的某甲在某日盗窃了邻居的一辆农用三轮车,邻居首先向公安机关报案,公安机关接到报案之后展开侦查,在查清某甲犯罪的原因和过程之后,将案件移送到人民检察院,人民检察院审查之后向人民法院提起诉讼,最后,由人民法院对某甲判处刑罚。那么,有哪些机关有可能介入刑事诉讼呢?

答:根据刑事诉讼法的规定,参加刑事诉讼的国家机关主要有公安机关、人民检察院、人民法院三机关。根据我国宪法第一百三十五条和刑事诉讼法第七条的规定,在刑事诉讼中这三机关分工负责,互相配合,互相制约。

6.我国公安机关的性质和设置是怎样的?公安机关在刑事诉讼中的职权是什么?

某甲患有间歇性精神病,经常在村子里殴打他人,同村村民李某是被打次数最多的。一天李某参加亲戚家的喜宴归来,又一次遭到某甲的殴打。事后,李某喊来了自己的兄弟将某甲痛打并关了起来。当天晚上,李某召集全村的居民开会,会上有20户居民的代表同意处死某甲,并在李某写好的纸条上一一签字画押。会后,李某和同村其他被某甲殴打过的张某、赵某一起将某甲扔进了一个蓄满水的水塘,某甲被淹死。

第二天,公安机关接到报案,查证确有其事之后,立案进行了侦查,确认李某、张某和赵某的行为已经构成故意杀人罪,并将他们三人依法逮捕。为什么是公安机关将三个人带走了?

答:由于公安机关是绝大多数刑事案件的侦查机关,所以,绝大多数刑事案件都是由公安机关最先介入。李某等人的行为已经触犯了刑法的规定,构成了犯罪,应当由公安机关侦查,所以,是公安机关将三人带走。

公安机关是行政机关。我国公安机关的职责是:预防、制止和侦查违法犯罪活动;维护社会治安秩序,制止危害社会治安秩序的行为;管理交通、消防、危险物品和特种行业;管理户政、国籍、入境出境事务和外国人在中国境内居留、旅行的有关事务;维护国(边)境地区的治安秩序;警卫国家规定的特定人员、守卫重要场所和设施;管理集会、游行和示威活动;监督管理计算机信息系统的安全保护工作;指导和监督国家机关、社会团体、企业事业组织和重点建设工程的治安保卫工作,指导治安保卫委员会等群众性组织的治安防范工作。

公安机关隶属于各级人民政府,各级公安机关分别接受同级人民政府和上级公安机关领导。公安部是国务院主管全国公安工作的职能部门。各省、自治区设公安厅,直辖市设公安局;各市(地、自治州、盟)设公安局(处);市辖区设公安分局,接受上级公安机关直接领导;各县(市、旗)设公安局,分别接受同级人民政府和上级公安机关领导。县(市、区、旗)公安局下设公安派出所,由县(市、区、旗)公安机关直接领导和管理。

在刑事诉讼中公安机关是行使侦查权的机关之一,大部分刑事案件由公安机关立案,立案之后的侦查活动都由公安机关进行。具体来说公安机关在刑事诉讼过程中主要负责刑事案件的侦查、预审,对应当予以拘留、逮捕的现行犯、犯罪嫌疑人或者被告人实施拘留、执行逮捕并进行羁押,此外,还担负着对于判处管制、剥夺政治权利、宣告缓刑、假释和暂予监外执行的罪犯的执行和监督、考察任务。

7. 人民检察院的职能和设置是怎样的？人民检察院在刑事诉讼中的职权有哪些？

上李村的大李，某日赶集回家之后发现家里门锁被撬，屋内东西被翻得乱七八糟，门口圈里的两只羊也不见了踪影。大李意识到自己家里被盗。他赶紧锁好大门到派出所报了案，派出所来人查看之后认为现场没有留下什么线索，案件将来不好侦破，再说丢的东西不是很值钱。决定不立案，给大李送达了不立案决定书。大李认为公安机关的做法是不对的，于是，到人民检察院反映了情况，检察院认为公安机关不立案的决定是错误的，责令公安机关立案侦查，公安机关按照人民检察院的意见进行了立案，最终抓获了犯罪嫌疑人，追回了大李丢失的财物。检察院怎么就可以"管"公安机关呢？

答：人民检察院对公安机关的行为不是"管"，而是监督行为。人民检察院是国家的法律监督机关，主要任务是依法履行监督职能，保证国家法律的统一和正确实施。

检察机关是由人民代表大会产生，并被国家权力机关赋予检察权，对国家权力机关负责并接受权力机关的监督。我国设有最高人民检察院和地方各级人民检察院以及专门人民检察院。各级人民检察院之间是领导与被领导的关系。

人民检察院的任务有：人民检察院通过行使检察权，镇压一切叛国的、分裂国家的和其他危害国家安全的活动。维护国家的统一，维护人民民主专政制度；通过行使检察权，保护国有财产和劳动群众集体所有财产，公民私人所有的合法财产，积极同破坏社会主义经济秩序和侵犯财产的犯罪行为进行斗争，维护社会主义经济秩序，保障社会主义现代化建设的顺利进行；通过行使检察权，保障公民的人身权利、民主权利和其他合法财产；通过行使检察权，教育公民忠于社会主义祖国，自觉地遵守宪法和法律，积极同违法行为作斗争。

在刑事诉讼中检察院则负责对于直接受理的刑事案件进行侦

查,对公安机关侦查的刑事案件进行审查并决定是否逮捕、起诉,对公安机关的侦查活动是否合法实行监督,对刑事案件提起公诉并支持公诉,对人民法院的审判活动是否合法实行监督,此外,还对刑事案件判决、裁定的执行是否合法实行监督。

8.人民法院的职能和设置是怎样的?人民法院在刑事诉讼中的职权是什么?

某村的甲男和乙女正在谈恋爱(均未达到法定的结婚年龄),某日见面时甲男提出了二人发生关系的要求,乙女不同意,甲男不顾乙女的反抗,还是和乙女发生了关系。乙女回家后及时告诉了自己的父母,并在父母的带领下找到了村长。村长认为这样的事情传出去对双方都不好,而且两人还是在谈对象,在村长的劝说下,双方家人决定:尽快给二人按照村里的习惯大摆酒席,宣布二人结婚,甲男家给女方给付多出当地彩礼3倍的财物。乙女听到双方家长的决定后,认为自己的人格受到了极大的侮辱,独自一人到派出所报了案。

后经人民法院审理认定:甲男违背妇女的意愿强行与其发生性关系,构成强奸罪,判处有期徒刑5年。村里人不明白,谈对象怎么就谈到了监狱里?

答:由于甲男违背了乙女的意愿,甲男的行为应当受到法律的制裁,即使二人是恋人关系。我国刑法规定,以暴力、胁迫或者其他手段,违背妇女的意志,强行与妇女性交,或者故意与不满14周岁的幼女发生性关系的行为,构成强奸罪。犯强奸罪的处3年以上10年以下有期徒刑。奸淫不满14周岁幼女的,从重处罚。甲男的行为符合强奸罪的构成要件,构成了强奸罪,应当处以3年以上10年以下有期徒刑,法院应当是考虑到恋爱关系,所以从轻处罚。在生活中哪怕是熟人、邻居、朋友、恋爱关系,只要是违背妇女本人的意愿而与之发生关系的,都构成犯罪。

人民法院是我国唯一的审判机关。也就是说,只有人民法院有权对一个人是否犯罪进行判决,其他任何机关和团体都无权作出中华人民共和国设立最高人民法院、地方各级人民法院和军事法院等专门人民法院。各省、自治区、直辖市设有高级人民法院,各市(地、自治州、盟)设中级人民法院;其余一律称之为基层人民法院。各基层人民法院在乡镇、街道设有派出法庭。

人民法院审理案件,除法律规定的特别情况外,一律公开进行。被告人有权获得辩护。人民法院依照法律规定独立行使审判权,不受行政机关、社会团体和个人的干涉。最高人民法院是最高审判机关。最高人民法院监督地方各级人民法院和专门人民法院的审判工作,上级人民法院监督下级人民法院的审判工作。最高人民法院对全国人民代表大会及其常务委员会负责。地方各级人民法院对产生它的国家权力机关负责。

审理刑事案件则是人民法院在刑事诉讼中最基本的职权;此外,为了保障刑事审判权的顺利实施,法院还有以下职权:

(1)对刑事被告人决定逮捕、拘传、取保候审和监视居住。

(2)在必要的时候,可以进行勘察、检查、扣押、鉴定和查询、冻结。

(3)如果有附带民事诉讼,必要的时候可以查封、扣押被告人的财产。

9.什么是刑事诉讼参与人?包括哪些人?

某日在同村的喜宴上,张三喝多了酒与同村的王五(16岁,聋哑)发生碰撞,张三一怒之下用锄头打伤了王五的大腿,后被同村的赵六劝开。王五的母亲翠花(46岁,聋哑)到派出所报了案,并要求张三承担医药费5000元。为了查明王五的伤情,某大学的何教授对王五的伤情进行了鉴定,结论为:轻伤。法院开庭审理时,张三提出自己家里穷,没有钱为自己请律师,自己又没有文化,听不明白别人说的话。法院指定马律师担任张三的辩护人,并指定聋哑学校的秦老师担任翻译。怎么会有这么多的人参加这个案件?

答:这个案件中,张三有三个法律上的称呼,一个是犯罪嫌疑人

（立案之后到案件移送到人民检察院期间），一个是被告人（从案件到检察院开始到人民法院审理结束），还有一个是附带民事诉讼的被告人。王五是受害人，附带民事诉讼的原告人。由于王五16岁，还未成年，所以他的母亲翠花是他的法定代理人。何教授是鉴定人。马律师是辩护人。秦老师是翻译人员。

这个案件中，参加到刑事诉讼中的人都可以叫刑事诉讼参与人。刑事诉讼参与人是指在刑事诉讼中享有一定诉讼权利、负有一定诉讼义务的除国家专门机关工作人员以外的人，一般可以将刑事诉讼参与人分为两大类：刑事诉讼当事人和其他诉讼参与人。

当事人包括被害人、自诉人、犯罪嫌疑人、被告人、附带民事诉讼的当事人（原告人和被告人）。

其他诉讼参与人是指除当事人以外的参与诉讼活动并在诉讼中享有一定诉讼权利、负担一定诉讼义务的参与人，包括法定代理人、诉讼代理人、辩护人、证人、鉴定人和翻译人员。

被害人：是指正当权利或合法权益遭受犯罪行为直接侵害，并因此而参加刑事诉讼，要求追究犯罪嫌疑人、被告人刑事责任的人。

自诉人：是指直接向人民法院提起刑事诉讼的人。自诉是和公诉相对应的一个概念，只有法律规定的自诉案件才有自诉人。在通常情况下，自诉人就是自诉案件的被害人或其法定代理人，但如果是告诉才处理的案件，被害人因受强制、威吓而无法告诉的，被害人的近亲属也可以告诉，成为自诉人。

犯罪嫌疑人：是指公诉案件立案之后，被检察机关提起公诉以前受到刑事追究的人。

被告人：是指被人民检察院提起公诉或者自诉人提起自诉，要求人民法院依法审判，追究其刑事责任的人。被告人是刑事诉讼中的中心人物，是刑事诉讼不可缺少的主要诉讼参与人。应该说整个刑事诉讼活动，包括司法机关以及所有诉讼参与人的活动都是围绕着被告人的刑事责任问题进行的。被告人是刑事诉讼的对象，没有被告人，也就没有刑事诉讼。

附带民事诉讼当事人：是指在刑事诉讼中要求对自己的损失进行赔偿的人（原告人）和应当赔偿损失的人（被告人）。

法定代理人：是指根据法律规定代理被代理人参加诉讼的人，包括被代理人的父母、养父母、监护人和负有保护责任的机关、团体的代表。法定代理人只有在当事人是无行为能力或者限制行为能力的人时才产生。

诉讼代理人：是指公诉案件的被害人及其法定代理人或者近亲属、自诉人及其法定代理人委托代为参加诉讼的人和附带民事诉讼的当事人及其法定代理人委托代为参加诉讼的人。

辩护人：是指接受刑事案件的被告人及其近亲属的委托或者人民法院的指定，反驳对犯罪嫌疑人、被告人的指控，提出有利于犯罪嫌疑人、被告人的事实和理由，以证明犯罪嫌疑人、被告人无罪、罪轻或者应当减轻或者免除处罚，维护犯罪嫌疑人、被告人合法权益的诉讼活动的人。

证人：是指直接利害冲突双方以外的向司法机关提供自己感受到的案件情况的诉讼参与人。

鉴定人：是指受司法机关聘请或指定后凭借自己的知识和技能对案件事实的某个专门问题作出书面鉴定意见的诉讼参与人。

翻译人员：是指受司法机关的聘请或指定在刑事诉讼中进行语言文字翻译活动的人员。刑事诉讼中需要翻译的语言文字，包括外国语、少数民族语言、聋哑手势、盲文、密码等。

10.犯罪嫌疑人在刑事诉讼中的权利有哪些？

张三被带到公安机关以后，警察一直叫他"犯罪嫌疑人"，还告诉他这样那样的权利，张三自己也搞不清楚自己到底有哪些权利？

答：张三在刑事诉讼中享有很多的权利。为了保障犯罪嫌疑人的合法权益，法律赋予其许多的诉讼权利，在刑事诉讼过程中犯罪嫌疑人、被告人享有以下诉讼权利：（1）辩护权，犯罪嫌疑人、被告人既可以自己为自己进行辩护，也可以委托他人为自己进行辩护。（2）从被侦查机关第一次讯问以后或者被采取强制措施之日起,犯罪嫌疑人有权聘请律师提供法律咨询、代理申诉和控告。犯罪嫌疑人被逮捕的,其聘请的律师还可以代为申请取保候审。(3)有权拒绝辩护人继续为其辩护,有权另行委托辩护人。(4)在法庭审理中,被告人有最后陈述权。(5)对于公安、司法机关采取强制措施超过法定期限的,犯罪嫌疑人、被告人有权要求解除。(6)在侦查中,对于侦查人员提问的与本案无关的问题,犯罪嫌疑人有权拒绝回答。(7)在依法告诉才处理的和被害人有证据证明的轻微刑事案件中,作为自诉案件的被告人有权对自诉人提起反诉。(8)有权申请侦察人员、检察人员和审判人员回避。(9)有权阅读或听取法庭审判笔录,并请求补充或者改正。(10)对地方各级人民法院第一审的判决、裁定,有权提出上诉。(11)对已经发生法律效力的判决、裁定,有权提出申诉。

11.被害人在刑事诉讼中的权利有哪些?

王五的家人听说张三请了律师,很是着急,他们害怕有了律师,张三会被放回家,他们也想请个律师,想让律师帮他们,可是他们不知道自己能不能请律师。

答:王五是案件中的受害人,他也可以请律师,只是王五是未成年人又是残疾,只能由他的父母为其聘请律师。法律不仅仅给犯罪嫌疑人、被告人诉讼权利,也给了被害人许多的诉讼权利,从刑事案件发生到整个诉讼过程中,他都享有以下权利:(1)有权控告犯罪行为。(2)有权依法申请侦查人员、检察人员和审判人员回避。(3)有权参加诉讼。(4)有权委托诉讼代理人。(5)被害人认为公安机关对应当立案侦查的案件而不立案侦查时,有权向人民检察院提出申诉,要求人民检察院通知公安机关立案。(6)被害人对于有证据证明被告人侵犯自己人身、财产权利的行为应当追究刑事责任,而公安机关或者人民检察院不予追究刑事责任的案件,有权直接向人民法院起诉。被害人死亡,其近亲属有权起诉。(7)有权提起附带民事诉讼。(8)被害人及其法定代理人不服地方各级人民法院第一审判决、裁定,有权请求人民检察院提出抗诉。

12. 在刑事诉讼中犯罪嫌疑人什么时候可以聘请律师？聘请的律师有哪些权利？

初中毕业的小马，外出打工，几经磨难终于找到了一个给别人站柜台的工作，工作比较轻松，收入也不错。一日突然来了几个警察，向小马出示了拘留证，将小马带到了公安局。第二天一大早，公安局就通知了小马的父亲老马，并告诉老马：小马涉嫌销赃，被刑事拘留了。小马的父亲赶紧找到了宋律师，宋律师得知小马家的经济情况后，决定为小马提供法律援助，免费为小马打官司。宋律师首先详细地向公安机关了解了小马案件的情况，然后和被羁押的小马见了面。了解到公安机关办案程序没有什么违法的情况，经过人民检察院的批准，小马已经被逮捕了。在和小马的父亲老马沟通之后，向公安机关提出了由老马作担保人为小马办理取保候审的申请。公安机关经过审查后批准了申请。

答：小马在被公安机关第一次询问或者被采取强制措施的时候，就可以聘请律师，如果由于经济原因无法聘请律师，可以申请法律援助。根据刑事诉讼法和律师法的规定，犯罪嫌疑人在侦查阶段就可以聘请律师。在侦查阶段，犯罪嫌疑人被第一次讯问或采取强制措施之日起，犯罪嫌疑人本人及其法定代理人或者近亲属都可以聘请律师为犯罪嫌疑人提供法律帮助。在这个阶段，律师有权为嫌疑人进行法律咨询；有权帮助犯罪嫌疑人、被告人依法正确行使自己的诉讼权利，并在发现犯罪嫌疑人、被告人的诉讼权利受到侵犯或剥夺时，向司法机关提出意见，要求依法制止，或者向有关单位提出控告。犯罪嫌疑人被逮捕的，聘请的律师可以为其申请取保候审。

13. 当家里人突然被公安机关带走后怎么办？

一天，村子里开来了一辆警车，把刚刚从北京打工回到家里的小龚带走了，说是调查一些事情，面对突如其来的事情，小龚的家人乱成一团,闻讯前来的村民七嘴八舌出主意的很多,有人说追上警车,拦住把人抢回来;有人说赶紧找个律师;有人说自己有个亲戚在省城工作让帮帮忙……小龚家人没有了主意,不知道该听谁的。那么他们到底该怎么办才好?

答:村民的意见都是不可取的,否则,会触犯法律承担责任。正确的是当家人或亲朋好友突然被公安机关带走后,不要惊惶失措。首先要搞明白以下几个问题:

(1)要向公安机关了解是调查别人的事情,还是小龚自己的事情?

如果是调查别人的事情,就不要着急,可能是有人实施了什么行为,小龚仅仅是知情者,公安机关调查结束之后,只要小龚自己与案件没有关系就会回家的。如果是小龚自己的事情,可能就有一些麻烦,就要进一步了解。

(2)是留置盘问还是拘传?

留置盘问与拘传都是公安机关行使职权的行为,在行为方式上二者很相近,即都是由公安机关的警察将嫌疑人带往公安机关,进行盘问或讯问。但是,留置盘问与拘传在性质上是不同的。留置盘问是公安机关的警察为维护社会治安秩序而依法行使行政职权的行为,而拘传则是公安机关的警察在刑事诉讼活动中行使刑事诉讼职权的行为。这两种不同性质的行为分别由警察法和刑事诉讼法进行规范。由于刑事诉讼法是关于刑事诉讼程序的法律,它只对刑事诉讼中各主体之间的权利义务关系,以及诉讼的方式、方法等作出规定,而留置盘问并非刑事诉讼活动,因此,刑事诉讼法的规定对留置盘问没有约束力。公安机关的警察在维护社会治安,执行公务时,可以依照警察法第九条的规定对被盘问人的留置时间自带至公安机关之时起不超过24小时,在特殊情况下,经县级以上公安机关批准,可以延长至48小时,并应当留有盘问记录。对于批准继续盘问的,应当立即通知其家属或者其所在单位。对于不批准继续盘问的,应当立即释放被盘问人。

经继续盘问,公安机关认为对被盘问人需要依法采取拘留或者其他强制措施的,应当在前款规定的期间作出决定;在前款规定的期间不能作出上述决定的,应当立即释放被盘问人。

但是刑事立案之后,即案件进入了刑事诉讼程序之后,则必须依照刑事诉讼法的规定执行,传唤、拘传不得超过12小时。

但无论是留置盘问还是拘传,都不得将犯罪嫌疑人带出犯罪嫌疑人所在的市、县。对此,公安部《公安机关办理刑事案件程序规定》有明确规定,异地执行传唤、拘传,执行人员应当持《传唤通知书》、拘传证、办案协作函件和工作证件,与协作地县级以上公安机关联系。协作地公安机关应当协助将犯罪嫌疑人传唤、拘传到本市、县内的指定地点或者到犯罪嫌疑人的住处进行讯问。

(3)是刑事拘留,还是治安拘留?

刑事拘留是公安机关、检查机关对犯罪嫌疑人、现行犯在紧急情况下适用的一种强制措施。依据刑事诉讼法的规定,公安机关、检察机关享有拘留权的决定权,公安机关享有拘留权的执行权。如果你的家人或朋友,在拘传12小时后(留置盘问24小时后)还没有回来,那么你就应当立即向公安机关询问被羁押的人是否已经被刑事拘留或治安拘留。

如果是治安拘留,就可以不必那么紧张,说明仅仅是违反社会治安的行为,而且治安拘留一般最长不得超过15日。

如果是刑事拘留,可以初步确定其行为已经是刑事违法行为了,而且有可能进一步被逮捕。那么一定要争取尽快取得《拘留通知书》,因为《拘留通知书》通常会写明犯罪嫌疑人涉嫌的罪名。

14.什么是管辖?

一天,村民赵六赶集回家发现自家的大门大开,家里被翻得乱七八糟,上一个集日卖牛的4000元钱也不知去向。赵六赶紧跑到离家最近的法庭,可是法庭的人只是给派出所打了个电话,说了赵六的事情,然后告诉赵六,这事不归他们管辖,让赵六赶紧到派出所去。赵六心里想:不都是大沿帽吗?还什么管辖不管辖的。

答:法庭的做法是正确的,按照刑事诉讼法的规定,公安机关、人民检察院、人民法院都有自己的管辖范围,三机关应当在自己的管辖范围内处理刑事案件,但是对举报、报案等应当接受。所以,法庭工作人员给派出所打了电话。

刑事案件的管辖,简单地说,即当事人在遇到诉讼时,应当到公安机关、人民检察院、人民法院这三个机关中的某一个机关去打官司。就法院而言,又有那么多的法院,当事人可以找哪一个具体的法院呢?所以,刑事诉讼中的管辖有两种,一种是划分公安机关、人民检察院、人民法院三机关之间直接受理案件范围的立案管辖,确定立案管辖的主要根据是公、检、法三机关在刑事诉讼中的职责分工和刑事案件的性质及其严重、复杂程度;另一种是划分人民法院系统内部受理案件范围的审判管辖。审判管辖又分为级别管辖和地域管辖。前者确定了四级人民法院在审理案件上的分工原则,后者则是指案件应由何地的法院负责审理。

15. 哪些案件由人民法院管辖?

赵六想:我的案子法庭不管,那么法庭管什么?

答:赵六的案子确实不由法庭管。因为赵六家被盗,属于普通的盗窃案件,应当由公安机关立案侦查。公安机关侦查结束之后移送人民检察院,人民检察院审查之后认为需要追究嫌疑人的责任时,再起诉到法院,由法院最后作出判决。法庭是基层人民法院的派出机构,它管辖的案件应当是法律规定由人民法院管辖的案件。刑事诉讼法第十八条第三款规定:"自诉案件由人民法院直接受理。"所谓自诉案件,就是指由被害人本人或者其近亲属向人民法院起诉的案件。根据刑事诉讼法第一百七十条的规定,自诉案件包括以下三类:

(1)告诉才处理的案件。这类案件在刑法中有明文规定,具体指:①没有严重危害社会秩序和国家利益的侮辱、诽谤案;②尚未引起被害人死亡的暴力干涉婚姻自由案;③尚未致人重伤、死亡的虐待案;④普通侵占案,即非法占有代为保管财物案和非法占有他人遗忘物、埋藏物案。

(2)被害人有证据证明的轻微刑事案件。这类案件具体包括:①故意伤害(轻伤)案;②重婚案;③遗弃案;④妨害通信自由案;⑤非法侵入他人住宅案;⑥生产、销售伪劣商品案(严重危害社会秩序和国家利益的除外);⑦侵犯知识产权案(严重危害社会秩序和国家利益的除外);⑧属于刑法分则第四、五章规定的,对被告人可以判处3年有期徒刑以下刑罚的其他轻微刑事案件。对于上述8种刑事案件,被害人直接向人民法院起诉的,人民法院应当依法受理;对于其中证据不足的,应当移送公安机关立案侦查;被害人向公安机关控告的,公安机关应当受理。

(3)公诉转自诉的案件。这类案件是指被害人有证据证明对被告人侵犯自己人身、财产权利的行为,应当依法追究刑事责任,而公安机关或者人民检察院不予追究被告人刑事责任的,被害人有权直接向人民法院起诉,人民法院应当受理。这一规定主要是为了充分保护被害人的合法权益。

16.哪些案件由人民检察院管辖?

老焦家一直是村子里人羡慕的对象,他家的老三是村子里最早的大学生,大学毕业后就没有回家,听说在省城工作了。从那以后老焦家的日子就和别人不一样了,先是盖起了砖房,再是有了三轮车。尤其是这几年,又推倒了新新的砖房,盖起了四层楼房,老三每次回家都有小车,见人就发好烟。老焦自己一直说儿子当官了,家里的好烟好酒多得很,谁想要就去家里拿。一天,老焦家传出了哭声,一打听,才知道老焦的三儿子被检察院带走了,说是犯了受贿罪。村里人不明白,为什么有的人是被检察院带走的,有的人又是被公安局带走的,当官的和老百姓犯了罪还不一样吗?

答:当官的和老百姓犯了罪的处罚是一样的,都应当受到法律的制裁,只是,犯的罪不一样,管辖的机关是不一样的。国家工作人员利用职务实施的犯罪由人民检察院管辖,普通的犯罪仍然由公安机关管辖。有人给老焦家的老三送好烟好酒,是因为老焦家的老三当了"官",是冲着他的职位去的,所以,构成职务犯罪,应当由人民检察院管辖。

根据刑事诉讼法第十八条第二款的规定,人民检察院直接受理的刑事案件包括以下几类:

(1)贪污贿赂犯罪。这类案件除了刑法分则第八章中规定的贪污案、贿赂案、挪用救灾、抢险等款物案、挪用公款案、巨额财产来源不明案、隐瞒不报境外存款等案件外,还包括刑法分则其他章节中规定的比照贪污、贿赂罪处罚的案件。老焦家的老三,可能构成的是受贿罪,即使是好烟好酒也要折算的,刑法规定个人受贿数额在5000元以上的或者个人受贿数额不满5000元,但情节较重的,都要追究刑事责任。

(2)国家工作人员的渎职犯罪。按照刑法分则第九章的规定,包括:玩忽职守案、泄露国家秘密案、徇私舞弊案、徇私枉法案、私放在押的犯罪嫌疑人、被告人或者罪犯案等。

(3)国家机关工作人员侵犯公民人身权利的犯罪。主要指国家机关工作人员利用职权实施的非法拘禁案、刑讯逼供案、报复陷害案、非法搜查案,以及监管人员殴打、体罚、虐待被监管人案等。

(4)国家机关工作人员侵犯公民民主权利的犯罪,如破坏选举案、非法剥夺宗教信仰自由案、侵犯少数民族风俗习惯案、侵犯公民通信自由案等。

17.公安机关管辖的案件有哪些?

一天,村里的马猴发表了一番言论:公安机关上班就是天天在大街上晃悠,到处抓人;检察院就是坐在办公室里到处抓当官的;法院天天在法庭上是给人判刑的。村里人听完之后觉得马猴说得挺对的。那么马猴说的话到底对不对呢?

答:马猴的话有对的地方,也有不对的地方。他说公安机关天天在大街上晃悠，到处抓人是不对的。他说检察院是抓当官的可以算对，因为，检察院对"当官"人的行为有监督权，他说法院是给人判刑的是对的。在我国，绝大多数刑事案件由公安机关立案管辖。刑事诉讼法第十八条第一款规定："刑事案件的侦查由公安机关进行，法律另有规定的除外。"所谓"法律另有规定的"，是指人民法院立案受理的刑事案件和人民检察院立案侦查的刑事案件，以及国家安全机关立案侦查的刑事案件以及军队保卫部门、监狱机关立案侦查的刑事案件。也就是说绝大多数刑事案件都由公安机关管辖。

18.国家安全机关管辖的案件有哪些？

村里的老马是人人皆知的人物，他是村子里最早的大学生，当年考上的是北京的大学，可是上了一年之后由于饿得实在不行，就回到了村子里。他不仅会写毛笔字，还会说一些外国语，村里孩子都是听着老马的故事长大的。一天，来了一些穿制服的人，把老马带走了，人们不知道有学问的老马会犯什么事。很快就有消息传来：带走老马的人是国家安全机关的人。村里人更糊涂了：安全机关是干什么的？为什么带老马？

答：国家安全机关带走老马，可能是发现了老马有触犯刑法规定的危害国家安全罪的行为。国家安全机关的职能与公安机关相同，只是管辖的案件范围不同。根据刑事诉讼法第四条的规定，国家安全机关依照法律规定，办理危害国家安全的刑事案件，行使与公安机关相同的职权。所谓危害国家安全的犯罪案件，依据《中华人民共和国国家安全法》及其实施细则的规定，是指境外机构、组织、个人实施或者指使、资助他人实施的，或者境内组织、个人与境外机构、组织、个人相勾结实施的危害我国国家安全，并达到犯罪程度的下列行为：(1)阴谋颠覆政府，分裂国家，推翻社会主义制度的；(2)参加间谍组织或者接受间谍组织及其代理人的任务的；(3)窃取、刺探、收买、非法提供国家秘密的；(4)策动、勾引、收买国家工作人员叛变的；(5)组织、策划或者实施危害国家安全的恐怖活动的；(6)捏造、歪曲事实，发表、散布文字或者言论,或者制作、传播音像制品,危害国家安全的;(7)利用设立社会团体或者企业、事业组织,进行危害国家安全活动的;(8)利用宗教进行危害国家安全活动的;(9)制造民族纠纷,煽动民族分裂,危害国家安全的;(10)境外个人违反有关规定,不听劝阻,擅自会见境内有危害国家安全行为或者有危害国家安全行为重大嫌疑的人员的。

老马之所以被安全机关的人带走,可能是实施了上述行为之一。

19.林业公安机关管辖什么样的案件?

在村子周围有一些山丘,山丘上全是树林,到了冬天村民们经常从树林里拣一些树叶、树枝回家烧柴火,也有一些人砍树干回家盖房子。一天,村里来了一些穿公安服装的人召集大家开会,告诉大家他们是林业公安,以后任何人不能随便上山,否则要追究相应的责任。村民听了问:"你们林业公安和公安都是公安,以后家里东西丢了能找你们吗?"

答:林业公安和公安都是公安,性质是一致的,但是管辖的案件不完全相同。林业系统的公安机关负责其辖区内的盗伐、滥伐林木、危害陆生野生动物和珍稀植物等刑事案件的侦查;大面积林区的林业公安机关还负责辖区内其他刑事案件的侦查。未建立专门林业公安机关的,由所在地公安机关管辖。

20.军人违法犯罪了谁管辖?

村里的小张高中毕业后没有考上大学,就当兵去了。今年回家探亲的时候和同学小叶等四个人把人打伤了。小叶等人被当地的公安机关带走了,可是小张被部队上来的人带走了。村里人不明白:部队上的人还管打人?

答:虽然小张和小叶等人一块把人打伤了,但是,小张是现役军人,他的案件应当由军队保卫部门管辖,小叶等人应当由当地公安机关管辖。根据刑事诉讼法的规定,只要是现役军人(含军队内的在编职工)犯罪的,都由军队保卫部门负责侦查。具体来说公安机关和军队互涉刑事案件的管辖分工如下:(1)军人在地方作案的,当地公安机关应当及时移交军队保卫部门侦查。(2)地方人员在军队营区作案的,由军队保卫部门移交公安机关侦查。(3)军人与地方人员共同在军队营区作案的,以军队保卫部门为主组织侦查,公安机关配合;共同在地方作案的,以公安机关为主组织侦查,军队保卫部门配合。(4)现役军人入伍前在地方作案,依法应当追究刑事责任的,由公安机关侦查,军队保卫部门配合。(5)军人退出现役后,发现其在服役期间在军队营区作案,依法应当追究刑事责任的,由军队保卫部门侦查,公安机关配合。(6)军人退出现役后,在离队途中作案的,以及已经批准入伍尚未与军队办理交接手续的新兵犯罪的,由公安机关侦查。(7)属于地方人民武装部门管理的民兵武器仓库和军队移交或者出租、出借给地方单位使用的军队营房、营院、仓库、机场、码头,以及军队和地方人员混居的军队宿舍区发生的非侵害军事利益和军人权益的案件,由公安机关侦查,军队保卫部门配合。(8)军队在工商行政管理部门登记注册,实行企业化经营管理的公司、厂矿、宾馆、饭店、影剧院,以及军队和地方合资经营的企业发生的案件,由公安机关侦查,军队保卫部门配合。

21.一个具体的案件由哪一个具体的法院管辖?

老郭的外甥把人打死了,今天开庭。老郭一大早就到了县法院,可是等到了上午10点钟不见一个人,他跑到办公室一问,人家告诉他:跑错了地方,他外甥的案件在市上的法院审。他又跑到市法院,可是庭已经开完了,只看见了痛哭的妹妹,没有见到外甥。老郭想:我们那里有的是法院,干吗要跑那么远?

答:老郭的问题是由刑事诉讼法中的管辖制度解决的,由于他的外甥打死了人,按照法律的规定可能判处无期徒刑以上的刑罚,他的案件应当由中级人民法院管辖。一个具体的刑事案件最终由哪一个人民法院开庭审理,是由审判管辖决定的,审判管辖分为级别管辖和地域管辖。级别管辖是上、下级法院之间在审判第一审刑事案件上的分工,也就是首先确定这个案件由哪一级人民法院管辖,在确定了审判法院的级别之后,再确定这个案件由哪个地方的人民法院管辖,就是地域管辖,是指同一级不同地区的人民法院之间在审判第一审刑事案件上的分工。对具体的案件来说,确定了管辖法院的级别又确定了管辖法院的地域所在,这样对这个案件有管辖权的具体法院就确定了。

根据刑事诉讼法的规定,级别管辖的内容包括:

(1)基层人民法院管辖第一审普通刑事案件,但是依法由上级人民法院管辖的除外。

(2)中级人民法院管辖下列第一审刑事案件:①危害国家安全的案件;②可能判处无期徒刑、死刑的普通刑事案件;③外国人犯罪的刑事案件。

(3)高级人民法院管辖全省(直辖市、自治区)性的重大刑事案件。

(4)最高人民法院管辖全国性的重大刑事案件。

(5)上级人民法院在必要的时候,可以审判下级人民法院管辖的第一审刑事案件;下级人民法院认为案情重大、复杂需要由上级人民法院审判的第一审刑事案件,可以请求移送上一级人民法院审判。

刑事诉讼法第二十四条规定:"刑事案件由犯罪地的人民法院管辖。如果由被告人居住地的人民法院审判更为适宜的,可以由被告人居住地的人民法院管辖。"犯罪地是指犯罪行为发生地。以非法占有为目的的财产犯罪,犯罪地包括犯罪行为发生地和犯罪分子实际取得财产的犯罪结果发生地。被告人的居住地,是指被告人的户籍所在地、学习或工作所在地。

22.什么是回避?为什么要回避?

宋家的老大在法院工作,专门审理刑事案件。老二贩毒被抓了,案子到了法院,老爹将老大召回了家,并下了死命令:弟弟的案子你审,而且要让弟弟早些回家,否则永远别想回家。老大给老爹解释说:由于有法律规定的回避制度,自己不能审理弟弟的案件。老爹说:"我不管什么回辟(避)不回辟(避),我就要你做出老大的样子。"老大为难了。那么什么是回避呢?

答:按照刑事诉讼法的规定,老大确实不能亲自审理老二的案子,老大确实应当回避。刑事诉讼中的回避,是指公安司法人员因与案件或案件的当事人具有某种利害关系或其他特殊关系,有可能影响案件的公正处理,根据法律规定不得参加对该案件进行的诉讼活动的一项诉讼制度。具体来说,如果有下列情形的就应当回避:

(1)是本案的当事人或者是当事人的近亲属的。至于当事人的近亲属的范围问题,可依据刑事诉讼法第八十二条加以确定,即当事人的"夫、妻、父、母、子、女及同胞兄弟姐妹"。

(2)本人或者他的近亲属和本案有利害关系的。如果侦查、检察或审判人员本人或者他们的近亲属与本案有着某种利害关系,案件的处理结果会直接影响到他们及其近亲属的利益,具备这一情形的司法人员应当回避。

(3)担任过本案证人、鉴定人、辩护人或者诉讼代理人的。

(4)与本案当事人有其他关系,可能影响案件公正处理的。

(5)违反规定会见当事人及其委托人,或接受其请客送礼的。

在刑事诉讼法中设置回避制度的主要目的是为了保证司法公正,增加司法活动的透明度。本案中老大作为老二的哥哥,符合上述第二项的规定,应当回避。

23.哪些人应当回避?怎样让他们回避?

姚某在一电影院门前调戏一少女遭到退休职工梁某的斥责。姚某气急败坏辱骂、殴打老人,恰有两名巡警路过立即上前将姚某扭获,带往派出所,行至途中,被姚某的三个酒肉朋友黄某、徐某、方某遇见。三个人商定打对方个措手不及,救出姚某。待走近时,三人齐声一喝,即上前用拳头、酒瓶、砖头猛击两名巡警,将巡警击倒,造成轻伤。后三人被抓捕归案。法院受理此案后,依法组成合议庭由审判员罗某担任审判长。此案开庭审理时,被害人提出要罗某回避,法庭决定休庭,宣布延期审理,并将回避申请报院长决定。经审查,审判长罗某是被告人黄某的表哥,院长决定罗某回避不再参与此案的审理。法院在更换审判员后开庭继续审理此案。为什么要院长决定呢?

答:因为按照刑事诉讼法的规定,审判人员的回避由法院院长决定,所以罗某的回避,应当由院长决定。

在刑事诉讼中应当回避的人员有:审判人员、检察人员、侦查人员以及参与侦查、起诉、审判活动的人民陪审员、书记员、翻译人员、鉴定人、司法警察、勘验人员、执行员和法院中其他占行政编制的工作人员。其中审判人员指各级人民法院院长、副院长、审判委员会委员、庭长、副庭长、审判员、助理审判员。

上述人员发现自己的情形符合刑事诉讼法规定的回避理由时自行自觉回避,如果没有自行回避,当事人可以要求他们回避,所在机关也可以决定让他们回避。

刑事诉讼法第三十条规定:"审判人员、检察人员、侦查人员的回避,应当分别由院长、检察长、公安机关负责人决定;院长的回避,由本院审判委员会决定;检察长和公安机关负责人的回避,由同级人民检察院检察委员会决定。"根据这一规定,各级法院的院长有权决定本院其他审判人员的回避,各级检察院的检察长有权决定本院其他检察人员的回避,各级公安机关的正职负责人有权决定本机关从事侦查工作的人员的回避。但法院院长的回避,涉及的问题较多,影响也较大,故而应由本院审判委员会讨论决定。检察长的回避也应由本院检察委员会讨论决定。公安机关内部没有类似于审判委员会或检察委员会这样的组织,为确保检察机关对侦查工作的有效法律监督,对公安机关负责人的回避,要由同级检察机关的检察委员会讨论决定。

24.什么样的人可以成为被告人的辩护人？

小明大学毕业后在公安局上班，专门抓坏人，一天刚到单位，看见自己的弟弟在那里，很是奇怪，弟弟也不告诉他原因，一问同事才知道原来弟弟闯了大祸。弟弟的案子一直到了法院，弟弟想请律师。可是他们的父母早就过世了，弟弟又没有工作，小明也刚刚上班时间不长，哪里有钱请律师。小明决定自己给弟弟辩护，小明的想法能实现吗？

答：小明的想法能够实现。刑事诉讼法第三十二条规定，犯罪嫌疑人、被告人除自己行使辩护权以外，还可以委托一至二人作为辩护人。下列的人可以被委托为辩护人：

(1)律师。

(2)人民团体或犯罪嫌疑人、被告人所在单位推荐的人。

(3)犯罪嫌疑人、被告人的监护人、亲友。这里"监护人"一般是指未成年人或患有精神病的犯罪嫌疑人、被告人的父母，没有父母或父母无监护能力的，其近亲属以及有关组织为其监护人。"亲友"是犯罪嫌疑人、被告人的亲属和关系较密切的朋友。

根据刑事诉讼法和最高人民法院《解释》的有关规定，下列人员不能充当辩护人：

(1)被宣告缓刑和刑罚尚未执行完毕的人。包括被法院判决有罪，正在监狱或其他执行场所服刑的人；被法院判决有罪，正在监外执行的人；正在被执行缓刑或假释的罪犯；没有被剥夺人身自由但正在被执行管制、剥夺政治权利的人；没有被限制人身自由但判处的罚金尚未执行完毕的人。

(2)依法被剥夺、限制人身自由的人。包括：在刑事诉讼中被依法采取强制措施的人；在刑事诉讼、民事诉讼或行政诉讼中扰乱诉讼秩序，被依法拘传或拘留的人；违反治安管理处罚条例，被依法拘留的人；其他被依法剥夺、限制人身自由的人。

(3)无行为能力和限制行为能力的人。

(4)人民法院、人民检察院、公安机关、国家安全机关、监狱的现职人员。

(5)本院的人民陪审员。

(6)与本案审理结果有利害关系的人。包括同犯罪嫌疑人、被告人的犯罪活动有牵连的人。

(7)外国人或者无国籍人。

但上述第四项至第七项规定的人员,如果是被告人的近亲属或者监护人,由被告人委托担任辩护人的,人民法院可以准许。这是考虑到被告人的近亲属和监护人可能对被告人的情况最为了解,能提供最有力的辩护的缘故。

此外,在司法实践中,本案的证人、鉴定人不能充当本案的辩护人。因为证人、鉴定人和辩护人,在诉讼地位和职责上是不相同的,特别是当证人提供的证言或鉴定人提供的鉴定结论不利于犯罪嫌疑人、被告人时,证人、鉴定人同辩护人的职责便互相冲突。

同时,一名被告人委托的辩护人不得超过2名,一名辩护人不得同时为2名被告人担任辩护人。

小明虽然在公安机关上班,但是,是嫌疑人的哥哥,所以可以担任弟弟的辩护人,人民法院也应当允许。

25.辩护人的义务有哪些?

小刚大学毕业后考取了律师证,一直在替别人打官司,每次回到村子里都要讲自己办案子中的一些事情,有些事情村里人听都没有听过。好长时间村里人没有见到小刚了,一打听才知道,小刚出事了:为了赢官司,造假了。村里人都很惋惜,他们不明白:律师就是拿别人的钱给别人消灾的,只要能消灾就行,怎么还会出事?

答:小刚的行为可能会构成伪证罪。虽然律师在业务过程中收取当事人一定的报酬,但是要遵守法律的规定,不能人为制造证据。律师是法律工作者,在工作中应当以事实为根据,以法律为准绳,不能违反法律的规定。刑事诉讼法第三十八条规定:"辩护律师和其他辩护人,不得帮助犯罪嫌疑人、被告人隐匿、毁灭、伪造证据或者串供,不得威胁、引诱证人改变证言或者作伪证,以及进行其他干扰司法机关诉讼活动的行为。"违反上述义务应当依法追究辩护人的责任。我国刑法第三百零六条规定,在刑事诉讼中,辩护人、诉讼代理人毁灭、伪造证据,帮助当事人毁灭、伪造证据,威胁、引诱证人违背事实改变证言或者作伪证的,处3年以下有期徒刑或者拘役;情节严重的,处3年以上7年以下有期徒刑。我国律师法对辩护律师在执业活动中的义务作了规定,包括:(1)不得私自接受委托,私自向委托人收取费用和财产。(2)律师担任刑事辩护人的,应当维护犯罪嫌疑人、被告人的合法权益。律师接受委托后,无正当理由的,不得拒绝辩护。(3)保密义务。律师应当保守在职业活动中知悉的国家秘密和当事人的商业秘密,不得泄露当事人的隐私。(4)忠实于事实真相,律师在执业活动中不得提供虚假证据,隐瞒事实或者威胁、利诱他人提供虚假证据,妨碍对方当事人合法取得证据。(5)律师在执业活动中,应当遵守有关规定,不得扰乱法庭秩序,干扰诉讼活动的正常进行。(6)正当执业义务。

26.辩护人怎样介入刑事诉讼?

某区法院审理一起未成年人故意伤害案。被告人孙某,男,15岁,系某校初中三年级学生。2007年11月某日与本校另一学生打架,致其重伤。开庭前,法院在向被告人送达起诉书副本时,告知他可以委托辩护人为其辩护,被告人因不愿增加家庭负担,表示不委托辩护人。区法院遂将被告人的这一意见记录在案,于10日后开庭审理。经法庭审理,法院以故意伤害罪判处被告人有期徒刑3年。审判后,孙某不服提出上诉,同时委托律师参与二审。后来听说上面的法院把这个案件发回重新审理,说是法院在孙某没有律师的情况下就开庭了是不对的。村里人说:"他不是不要律师吗?"

答:一审法院的做法确实是错误的,孙某是未成年人,按照法律的规定,法院应当为他指定一个律师,即使他表示不要律师。按照刑事诉讼法的规定,辩护人介入刑事诉讼的方式有两种:一种是接受当事人及其法定代理人或者近亲属的委托介入;一种是根据人民法院的指定,担任被告人的辩护人介入刑事诉讼,指定辩护仅仅发生在审判阶段。

根据刑事诉讼法的规定,在整个刑事诉讼过程中,犯罪嫌疑人、被告人都有自己为自己辩护的权利。但是,犯罪嫌疑人、被告人的文化程度是不一样的,有人能够很好地为自己进行辩护,很好地维护自己的合法权益,有人受教育程度不够,不能准确理解相关的法律法规,不能很好地维护自己的合法权益。于是刑事诉讼法规定犯罪嫌疑人、被告人在享有自行辩护权的同时还有获得辩护的权利。也就是在自诉案件中可以随时委托辩护人,在公诉案件中,自案件被移送审查起诉之日起可以委托辩护人参加诉讼,依法维护自己的合法权益。

刑事诉讼法第三十四条规定:"公诉人出庭公诉的案件,被告人因经济困难或者其他原因没有委托辩护人的,人民法院可以指定承担法律援助义务的律师为其提供辩护。被告人是盲、聋、哑或者未成年人而没有委托辩护人的,人民法院应当指定承担法律援助义务的律师为其提供辩护。被告人可能被判处死刑而没有委托辩护人的,人民法院应当指定承担法律援助义务的律师为其提供辩护。"刑事诉讼法三十四条的规定是为被告人指定辩护人参加刑事诉讼的法律依据。根据三十四条及相关司法解释的规定,案件符合下列情形的,人民法院应当为被告人指定律师进行保护:

(1)盲、聋、哑人或者限制行为能力的人。

(2)开庭审理时不满十八周岁的未成年人。

(3)可能被判处死刑的人。

被告人没有委托辩护人而具有下列情形之一的,人民法院可以为其指定辩护人:

(1)符合当地政府规定的经济困难标准的。

(2)本人确无经济来源,其家庭经济状况无法查明的。

(3)本人确无经济来源,其家属经多次劝说仍不愿为其承担辩护律师费用的。

(4)共同犯罪案件中,其他被告人已委托辩护人的。
(5)外国国籍的。
(6)有重大社会影响的。
(7)法院认为起诉意见和移送的案件证据材料可能影响正确定罪量刑的。

27.被害人及其家属可不可以聘请律师？怎样聘请律师？

小军被人打伤了,看病花了不少的钱,小军妈妈不知道怎样要回这些钱,听人说请个律师会好一些,她想知道能不能为小军请个律师,怎样请律师？

答：小军妈妈可以为小军请个律师作为代理人参加刑事诉讼,帮助他们要回看病的钱。刑事诉讼法规定,在刑事诉讼中,被害人及其家属也可以聘请律师作为代理人参加刑事诉讼。

根据我国律师法的规定,聘请律师一般要履行如下手续：首先与律师事务所签订《委托协议》一式两份,一份委托人自己保留,一份交给律师事务所。然后还要签署《授权委托书》,授权委托书应一式三份,一份由委托人送交人民法院,一份归律师工作机构存档,一份归代理律师保留,作为参加诉讼活动的根据。

28.在刑事案件中,被害人及其家属聘请律师能做什么？

小军妈妈知道了怎样请律师,可是她又不知道请的律师能做什么,钱白花了怎么办？

答：小军妈妈的担心是多余的,只要聘请了律师,律师就会认真履行自己的职责,尽量维护当事人的合法权益。具体来说,被害人及其家属聘请律师主要是基于以下情况：

(1)被害人受到侵害后,侦查机关办案不力,被害人及其家属担心沉冤大海,请律师代理申诉控告。这种情况下,律师的工作主要是搜集重大犯罪线索或者侦查机关不正当履行职责的证据,向有关机关申诉、控告或者反映情况,督促侦查机关迅速办案,为被害人申冤。

(2)在审判阶段聘请律师,律师的代理工作主要是帮助被害人一方收集控告的证据和刑事附带民事赔偿的证据,代理被害人出庭,要求赔偿并指控被告人,针对公诉人和辩护人的观点进行反驳。一审判决后,若被害人及其家属对民事赔偿不服,律师代理提起上诉,若对刑事判决不服,代理被害人及其家属向检察院提请抗诉。

29.在刑事诉讼中,律师代理和其他人代理有什么不同?

张家和李家的孩子一块被人打伤了。两家人都给孩子请了代理人,只是张家请的是律师。李家请的是孩子的一个同学,学法律的大学生。后来,官司了解了。两家人一沟通发现,张家支付的报酬远远多于李家。张家后悔了:同样的事情,白白比别人多花钱。

答:张家和李家既可以聘请具有律师资格的人担任代理人,也可以聘请嫌疑人的亲友担任代理人。他们聘请的人都叫诉讼代理人。诉讼代理人的责任是根据事实和法律,维护被害人、自诉人或者附带民事诉讼当事人的合法权益。无论是律师代理还是其他人代理,代理人必须在代理权限范围内进行代理活动,代理人在代理权限范围内的诉讼行为和法律行为与委托人自己的诉讼行为和法律行为具有同等的效力,其法律后果由被代理人承担。

在刑事诉讼代理中,可以委托律师进行代理,也可以委托其他公民进行代理,律师代理只是刑事诉讼代理中的一种,所谓律师代理,是指律师在刑事诉讼中,接受被代理人的委托以被代理人的名义在代理权限范围内实施代理行为,可分为公诉案件被害人的代理、自诉案件中自诉人的代理和刑事附带民事诉讼当事人的代理。在委托律师代理中,代理权限是由委托人决定的,代理人参加诉讼时,必须向人民法院提交授权委托书和律师事务所证明律师身份的信函,律师担任诉讼代理人,可以查阅、摘抄、复制与本案有关的材料。其他诉讼代理人经人民法院准许,也可以查阅、摘抄、复制与本案有关的材料,了解案情。

所以,同样是代理人,但是在诉讼过程中的权利是大大不同的。

30. 一个人被公安机关带走之后,能不能请律师?他请的律师可以干些什么?

满圈被公安机关带走了,过了一些天,公安机关通知满圈的爸爸,说满圈想请律师,让家里人看着办。满圈爸爸听了之后想:公安人员是啥意思?满圈能不能请律师?请的律师能干啥?

答:可以请律师。刑事诉讼法规定,犯罪嫌疑人在被侦查机关第一次讯问后或者采取强制措施之日起,可以聘请律师为其提供法律咨询、代理申诉和控告。犯罪嫌疑人被逮捕的,聘请的律师可以为其申请取保候审。涉及国家秘密的案件,犯罪嫌疑人聘请律师,应当经侦查机关批准。

受委托的律师有权向侦查机关了解犯罪嫌疑人涉嫌的罪名,可以会见在押的犯罪嫌疑人,向犯罪嫌疑人了解有关案件情况。律师会见在押的犯罪嫌疑人,侦查机关根据案件情况和需要可以派员在场。涉及国家秘密的案件,律师会见在押的犯罪嫌疑人,应当经侦查机关批准。

律师在侦查阶段的作用主要有:(1)会见犯罪嫌疑人;(2)为犯罪嫌疑人提供法律咨询;(3)代为申请取保候审或协助办理取保候审;(4)代理申诉和控告。

31.什么样的人可以成为律师?

听说当律师可以挣很多的钱,小利就想:自己也能干律师就好了,又风光,又可以挣大钱。可是,怎样才能成为一个律师呢?

答:小利要想成为一个律师,首先要取得大学本科文凭。按照现在律师法的规定,对专业限制不是很严格,但是为了能够成为一个合格的律师,最好能取得法律专业的本科文凭。然后报名参加每年一次的司法资格考试。如果考试成绩合格,就到某律师事务所实习一年。实习结束后拿着律师事务所出具的实习鉴定、成绩合格证向当地司法行政机关申请领取执业证书,就可以以一个律师的名义执业了。

32.什么是刑事诉讼强制措施？刑事诉讼强制措施有哪些？

老肖对法律一直很感兴趣,喜欢买一些与法律有关的小册子来看。一天,他看书的时候看见了"强制措施"几个字,怎么也不明白是咋回事,他想知道什么是强制措施？强制措施有哪些？

答:强制措施,是指公安机关、人民检察院和人民法院为了保证刑事诉讼的顺利进行,而依法对刑事案件的犯罪嫌疑人、被告人的人身自由采取限制或者剥夺的各种强制性方法。强制措施是我国刑事诉讼中一项重要制度。

强制措施有五种:拘传、取保候审、监视居住、拘留和逮捕。

拘传是指公安机关、人民检察院和人民法院对于未被羁押的犯罪嫌疑人、被告人,依法强制其到案接受讯问的一种强制方法,它是我国刑事诉讼强制措施体系中最轻的一种。

取保候审是指在刑事诉讼过程中,由犯罪嫌疑人、被告人或者法律规定的其他有关人员提出申请,经人民法院、人民检察院和公安机关同意后,责令犯罪嫌疑人、被告人提供保证人或者交纳保证金,保证犯罪嫌疑人、被告人不逃避或妨碍侦查、起诉和审判,并随传随到的一种强制方法。

监视居住是指人民法院、人民检察院、公安机关在刑事诉讼过程中对犯罪嫌疑人、被告人采用的,命令其不得擅自离开住所或者居所,并对其活动予以监视和控制的一种强制方法。

拘留是指公安机关、人民检察院在侦查过程中,在紧急情况下,依法临时剥夺某些现行犯或者重大嫌疑分子的人身自由的一种强制措施。

逮捕是指公安机关、人民检察院和人民法院,为防止犯罪嫌疑人或者被告人逃避侦查、起诉和审判,进行妨碍刑事诉讼的行为或者发生社会危险性,而依法剥夺其人身自由,予以羁押的一种强制措施。

33.强制措施有没有期限的限制？

老肖知道了什么是强制措施,也知道了强制措施的种类,他还想知道强制措施有没有时间长短的限制。

答:强制措施有时间长短(期限)的限制。一般情况下,拘传的持续时间不得超过12小时。取保候审的时间不得超过12个月。监视居住的时间不得超过6个月。刑事拘留的时间最长不得超过37天。逮捕之后侦查中的羁押期限一般是2个月,特殊情况延长1个月,最长不得超过7个月。

34.不同的强制措施适用的对象是相同的吗?

被告人邢某(女,31岁,某国有企业会计)2007年3月到2008年2月期间,采用多报差旅费、伪造发票、涂改单据等手段,从本单位非法获取利益10余万元。检察院决定将邢某逮捕。在案件的审查期间,检察院发现邢某已有3个月的身孕,于是决定对被告人采取监视居住的强制措施。为什么怀孕了就不能逮捕?

答:由于邢某怀有身孕,不能逮捕,检察院决定对其监视居住是正确的。对怀孕的妇女不能逮捕,是刑事诉讼法的规定。按照刑事诉讼法的规定,任何一种强制措施都有不同的适用条件,由于强制措施的强度不同,所以不同的强制措施适用于不同的犯罪嫌疑人、被告人。

拘传:适用于未被羁押的嫌疑人、被告人,拘传的目的是强制就讯,而不是强制待侦、待诉、待审,因此拘传没有羁押的效力,在讯问后,应当将被拘传人立即放回。

取保候审:根据刑事诉讼法第六十条、第六十五条、第六十九条、第七十四条和第七十五条,公安部《规定》第六十三条,检察院《规则》第三十七条,以及最高人民法院《解释》第六十六条等,取保候审适用于:

(1)应当逮捕,但患有严重疾病的,可以取保候审。

(2)应当逮捕,但正在怀孕、哺乳自己不满一周岁的婴儿的妇女,可以取保候审。

(3)对拘留的犯罪嫌疑人,证据不符合逮捕条件的,公安机关可以决定取保候审。

(4)提请逮捕后,检察机关不批准逮捕,需要复议、复核的,公安机关可以决定取保候审。

(5)移送起诉后,检察机关决定不起诉,需要复议、复核的,公安机关可以决定取保候审。

(6)犯罪嫌疑人、被告人被羁押的案件,不能在刑事诉讼法规定的侦查期限内、审查起诉期限内、一审和二审期限内办结,对犯罪嫌疑人、被告人可以取保候审。

(7)持有有效护照和有效出入境证件,可能出境逃避侦查,但不需要逮捕的,可以取保候审。

监视居住:和取保候审的适用对象相同,凡是能适用取保候审的,也能适用监视居住,但是取保候审和监视居住不能同时并用,只能选择适用一种,什么情况下采取取保候审,什么情况下选择监视居住,法律上没有规定,但实践中的一般做法是在犯罪嫌疑人、被告人既提不出保证人,又交纳不起保证金时,才采用监视居住。

刑事拘留:必须同时具备两个条件,一是拘留的对象是现行犯或者是重大嫌疑分子。现行犯是指正在进行犯罪的人,重大嫌疑分子是指有证据证明具有重大犯罪嫌疑的人。二是具有法定的紧急情形之一,紧急情况是指:(1)正在预备犯罪、实行犯罪或者在犯罪后即时被发觉的;(2)被害人或者在场亲眼看见的人指认他犯罪的;(3)在身边或者住处发现有犯罪证据的;(4)犯罪后企图自杀、逃跑或者在逃的;(5)有毁灭、伪造证据或者串供可能的;(6)不讲真实姓名、住址,身份不明的;(7)有流窜作案、多次作案、结伙作案重大嫌疑的。

逮捕:适用于有证据证明有犯罪事实,可能判处徒刑以上刑罚的犯罪嫌疑人、被告人,采取取保候审、监视居住等方法尚不足以防止发生社会危险性,而有逮捕必要的嫌疑人、被告人。

35. 如果嫌疑人、被告人申请取保候审，担保的方式有几种？什么样的人能成为担保人？

王大妈的小儿子被公安机关带走了，王大妈跑了好几趟派出所，派出所的同志说她儿子涉嫌销赃罪，王大妈不知道什么是销赃罪，到乡法律服务所一问才知道，原来销赃就是买了别人偷来的东西。再到派出所时，派出所的同志说王大妈可以给儿子申请取保候审，办了取保候审，儿子就可以暂时回家了。王大妈一听儿子能回家就高兴，可是又不知道什么是取保候审。怎么办，她又来到了乡司法所。

答：乡法律服务所的同志告诉她，她可以提出给派出所交钱，或者自己给儿子担保，保证儿子在公安机关叫的时候随时能到，保证儿子不干其他违法乱纪的事情就可以。乡法律服务所的同志还告诉王大妈，根据刑事诉讼法的规定，嫌疑人、被告人申请取保候审的担保方式有两种，一种是财产保，也就是缴纳一定数额的保证金（叫财产保），进行担保；另一种是提供担保人（叫人保）。

保证金的数额法律没有进行具体的规定，只是规定起点数额是1000元，在1000元的基础上，决定机关综合考虑犯罪嫌疑人、被告人的社会危害性。案件的情节、性质，可能判处刑罚的轻重，犯罪嫌疑人、被告人的经济状况，当地经济发展水平等情况，决定收取保证金的数额。

根据刑事诉讼法第五十四条的规定，保证人必须符合以下条件：(1)与本案无牵连；(2)有能力履行保证义务；(3)享有政治权利，人身自由未受到限制；(4)有固定的住处和收入。

对一个具体的案件，在财产保和人保之间只能选择一种，不能同时采用财产保和人保。

36. 案件结束后缴纳的保证金是否退还？

王大妈凑够了钱，给儿子办了取保候审，最后儿子被判拘役5个月，并处罚金1000元的处罚。案子结束了，王大妈想知道自己替儿子交给派出所的钱还能不能要回来。

答：王大妈的钱可以要回来。根据刑事诉讼法的规定，只要被取保候审的人员没有违反法律禁止性的规定，缴纳的取保候审费用就应当退还。根据刑事诉讼法第五十六条规定，被取保候审的犯罪嫌疑人、被告人应当遵守以下规定：(1)未经执行机关批准不得离开所居住的市、县；(2)在传讯的时候及时到案；(3)不得以任何形式干扰证人作证；(4)不得毁灭、伪造证据或者串供。被取保候审的犯罪嫌疑人、被告人违反前款规定，已交纳保证金的，没收保证金，并且区别情形，责令犯罪嫌疑人、被告人具结悔过，重新交纳保证金、提出保证人或者监视居住、予以逮捕。犯罪嫌疑人、被告人在取保候审期间未违反前款规定的，取保候审结束的时候，应当退还保证金。

所以，只要嫌疑人、被告人在被取保候审期间没有违反上述规定，取保候审结束之后，缴纳的保证金应当退还。决定退还保证金的，应当经过严格审核后，报县级以上公安机关负责人批准，签发《退还保证金决定书》。公安机关决定退还犯罪嫌疑人的保证金后，应当在解除对犯罪嫌疑人取保候审的同时，通知指定的银行将保证金如数退还给犯罪嫌疑人，并由犯罪嫌疑人在《退还保证金决定书》上签名（盖章）、捺指印。

如果犯罪嫌疑人违反上述规定之一的，保证金需要没收。需要没收保证金的，应当经过严格审核后，报县级以上公安机关负责人批准，签发《没收保证金决定书》。决定没收较高数额保证金的，应当经地(市)级以上公安机关负责人批准。

没收保证金的决定，公安机关应当在7日以内向犯罪嫌疑人宣读，并责令其在《没收保证金决定书》上签名（盖章）、捺指印；犯罪嫌疑人在逃的，应当向犯罪嫌疑人的家属、法定代理人或者单位宣布，并要求其家属、法定代理人或者单位的负责人在《没收保证金决定书》上签名或者盖章。

犯罪嫌疑人或者其家属、法定代理人、单位负责人拒绝签名或者盖章的，公安机关应当在《没收保证金决定书》上注明。

公安机关向犯罪嫌疑人宣读《没收保证金决定书》的同时，应当告知其对没收保证金的决定不服的,可以在5日以内向上一级公安机关申请复核一次。上一级公安机关应当在收到复核申请书之日起的7日以内作出决定。对上级公安机关撤销或者变更没收保证金决定的,下级公安机关应当执行。

没收犯罪嫌疑人保证金的决定已过复核期限或者经复核后,公安机关应当及时通知指定的银行将没收的保证金按照国家的有关规定上缴国库。

37.被监视居住的犯罪嫌疑人、被告人遵守的规定和取保候审一样吗?

金老太今年已经80多岁了,年轻的时候丈夫死了,留下她和儿子相依为命,十多年前儿子也出了意外,儿媳妇跟人跑了,给她留下了孙子小金。一天公安局来人说小金偷了别人家的一台电视机,金老太知道孙子是没有了给她买药的钱才这样的,金老太给公安讲了自己家里的情况。过了一天,公安局的同志告诉金老太:孙子的情况符合取保候审的条件,可以缴纳保证金给小金办理取保候审的手续。可是金老太哪里有钱。最后办理了监视居住的手续,让小金回家照顾金老太。

答:金老太孙子的情况属于生活中的一种类型:犯罪嫌疑人的行为符合取保候审的条件,但是,犯罪嫌疑人没有经济来源,也提供不了担保人,这时候就不可以取保候审。按照刑事诉讼法的规定,监视居住的适用对象和取保候审是一样的,如果犯罪嫌疑人既缴纳不了保证金,又提供不了担保人的时候可以采取监视居住的措施。被监视居住的犯罪嫌疑人、被告人遵守的规定和取保候审是不一样的。刑事诉讼法第五十七条规定,被监视居住的犯罪嫌疑人、被告人应当遵守以下规定:(1)未经执行机关批准不得离开住处,无固定住处的,未经批准不得离开指定的居所;(2)未经执行机关批准不得会见他人;(3)在传讯的时候及时到案;(4)不得以任何形式干扰证人作证;(5)不得毁灭、伪造证据或者串供。被监视居住的犯罪嫌疑人、被告人违反前款规定,情节严重的,予以逮捕。

38.如果犯罪行为给受害人造成了财产损失怎么办?

被告人张某于2002年3月9日晚,趁邻居李某家没人之际,撬门而入,将李某家洗劫一空,盗窃现金5万余元,金项链1条,戒指3个,还有其他财物若干。案发以后,张某被A区公安局依法逮捕,并由A区人民检察院向A区人民法院提起公诉,并于2002年6月7日公开审理了此案。在案件审理过程中,被害人李某提起了刑事附带民事诉讼,并委托律师赵某为其诉讼代理人。法院在审理以后做出了一审判决,依法追究被告人张某的刑事责任,并对附带民事部分做出了处理。

答:在本案中,被告人张某的盗窃行为数额较大,依法应当追究刑事责任,同时张某的行为侵犯了李某合法的财产所有权,遭受物质损失,因此李某提起附带民事诉讼,要求损害赔偿的行为是完全正确的。如果某人的犯罪行为给受害人造成了财产损失,在刑事诉讼过程中,被害人有权提起附带民事诉讼。即在刑事诉讼的侦查、起诉、审判三个阶段,被害人均有权提起附带民事诉讼。附带民事诉讼的提起可以是口头的方式,也可以是书面的方式(见下编司法文书写作)。

39.什么是附带民事诉讼?

被告人张某于2002年3月9日晚,趁邻居李某家没人之际,撬门而入,将李某家洗劫一空,盗窃现金5万余元,金项链1条,戒指3个,还有其他财物若干,案发以后,张某被A区公安局依法逮捕,并由A区人民检察院向A区人民法院提起公诉,并于2002年6月7日公开审理了此案,在案件审理过程中,被害人李某提起了刑事附带民事诉讼,并委托律师赵某为其诉讼代理人,法院在审理以后作出了一审判决,依法追究被告人张某的刑事责任,并对附带民事部分作出了处理。

答:在本案中,被告人张某的盗窃行为数额较大,依法应当追究刑事责任,同时张某的行为侵犯了李某合法财产的所有权,致使李某遭受了物质损失,因此李某提起附带民事诉讼,要求损害赔偿的行为是完全正确的。附带民事诉讼,也称刑事附带民事诉讼,是指司法机关在刑事诉讼过程中,在解决被告人刑事责任的同时,解决因被告人的犯罪行为所造成的物质损失的赔偿而进行的诉讼活动,由于这种损害赔偿的诉讼请求是在刑事诉讼过程中提起的,又是在刑事诉讼中附带解决的,因此称作附带民事诉讼,附带民事诉讼是由犯罪行为引起的,是在刑事诉讼过程中提起并且同刑事案件一并解决的,其成立与解决都依附于刑事诉讼,和刑事诉讼紧密联系,不可分割,是一种依附于刑事诉讼的特殊的民事诉讼。

附带民事诉讼的性质首先是一种民事诉讼,也就是说,这种诉讼活动所要解决的问题性质,是民事损害赔偿,在实体法上应当受民事法律规范的调整,在程序上除刑事诉讼法有特殊规定的以外,应当适用民事诉讼法的规定,但它又是一种特殊的民事诉讼,这种要求损害赔偿的诉讼是被告人的犯罪行为所引起的,被告人所实施的危害社会的行为,在刑法上构成犯罪,应当追究刑事责任,这两种责任在性质上不同,却根源于被告人的同一违法行为,附带民事诉讼的成立必须具备以下条件:以刑事诉讼的存在为前提;必须是犯罪行为给被害人造成了物质损失;被害人的物质损失必须是被告人的犯罪行为直接造成的;附带民事诉讼必须是在刑事诉讼过程中提起的。实行这一制度具有重要的意义,有利于全面保护国家、集体和个人的财产;有利于惩戒、教育、改造犯罪人,从而有利于预防和减少犯罪;有利于法院的审判工作,节约诉讼成本,提高诉讼效率。

40.哪些人可以提起附带民事诉讼?什么时候提起?

小张在镇子上开了一个理发馆,收入不错,一天夜里理发馆里进了几个小偷,偷走了一些零钱和一些理发用具。小张觉得店里面进了小偷晦气,报案之后就把店面转给了小史。后来,小史得知小偷抓住了,就到公安局要求小偷赔偿自己重新装修店面支出的费用。公安机关的同志告诉小史:小史不能提出赔偿要求,只有小张可以,因为小张是这个案件的真正受害人。小史不明白:如果小偷不偷小张的店,小张不会转让,自己也就不会接手这个店面了,更不用重新装修了。这到底是怎么回事呢?

答:公安机关的同志对小史的答复是完全正确的。根据刑事诉讼法的规定,在刑事诉讼中下列人员有权提起附带民事诉讼:(1)因犯罪行为遭受物质损失的被害人(公民、法人和其他组织);(2)已死亡被害人的近亲属;(3)无行为能力或者限制行为能力被害人的法定代理人。

有权提起附带民事诉讼的人放弃诉讼权利的,应当准许,并记录在案。

上述人员在提起附带民事诉讼过程中应当符合下列条件:(1)提起附带民事诉讼的原告人、法定代理人符合法定条件;(2)有明确的被告人;(3)有请求赔偿的具体要求和事实根据;(4)被害人的物质损失是由被告人的犯罪行为造成的;(5)属于人民法院受理附带民事诉讼的范围。

附带民事诉讼应当在刑事案件立案以后第一审判决宣告以前提起。有权提起附带民事诉讼的人在第一审判决宣告以前没有提起的,不得再提起附带民事诉讼。但可以在刑事判决生效后另行提起民事诉讼。

小张才是这个案件的直接受害者,只有他有权要求小偷对自己的损失进行赔偿。

41.受害人可以要求哪些人赔偿?赔偿什么?

某村农民刘某与邻居林某因垒院墙发生纠纷,导致互相斗殴。斗殴中,刘某被林某用木棍打伤。此案经村委会调解无效,刘某向县人民法院提起诉讼,要求追究林某伤害罪的刑事责任,并赔偿医疗费、误工费、营养费等合计人民币700元。县法院经调查后认为,林家垒院墙并未分割刘家利益,而刘某闯入林家打架是错误的,对此纠纷应负一部分责任,要求林某赔偿经济损失是没有道理的。林某实施的伤害行为情节轻微,不需要判处刑罚,于是判决被告人免予刑事处罚,但判决林某赔偿刘某医药费99元。

答:法院的判决是正确的。刑事附带民事诉讼的赔偿,首先要分清楚刑事责任的大小。在这个案件中,林某在自己家中给自己家垒院墙,并没有妨碍刘家的权利,也没有影响刘家的利益,而刘某冲进林家主动闹事,在这个事件中负有主要责任,但是,无论如何林某的行为使刘某产生了经济损失,还是应当承担民事赔偿责任。按照刑事诉讼法的规定,附带民事诉讼中依法负有赔偿责任的人包括:(1)刑事被告人(公民、法人和其他组织)及没有被追究刑事责任的其他共同致害人;(2)未成年刑事被告人的监护人;(3)已被执行死刑的罪犯的遗产继承人;(4)共同犯罪案件中,案件审结前已死亡的被告人的遗产继承人;(5)其他对刑事被告人的犯罪行为依法应当承担民事赔偿责任的单位和个人。

42.个人能在刑事诉讼中提起附带民事诉讼吗?

2007年8月初,郑某等5人在游逛过程中发现,村头休闲广场中铜铸十二生肖景点处,有新用铜制作的十二生肖,于是,5人结伙在夜晚持钢锯锯割铜铸生肖牛、虎的尾巴,在犯罪过程中被抓获。法院审理案件的时候,村里人都去听了案件,当他们听见检察院的人在法庭上说"……5个被告人的行为不仅触犯了刑法,构成犯罪行为,而且造成了集体财产的损失,现在我们提起附带民事诉讼……"时,法庭上议论纷纷,村民不明白为什么检察院还要钱?

答:检察院不是在对5个被告人要钱,而是因为这5个被告人的行为造成了集体财产的损失,检察院有权在提起刑事诉讼过程中提起附带民事诉讼。我国刑事诉讼法第七十七条规定:"被害人由于被告人的犯罪行为而遭受物质损失的,在刑事诉讼过程中,有权提起附带民事诉讼。如果是国家财产、集体财产遭受损失的,人民检察院在提起公诉的时候,可以提起附带民事诉讼。"

43.在刑事附带民事诉讼中能不能要求精神损害赔偿？

在槐花村，只有老何家17岁的女儿小何一个人在上高中，由于学校离家不是很远，就没有住校，一天夜里10点钟，小何上完晚自习一个人走在回家的路上。突然，路边冲出一个人来，手中拿着刀子大喊："拿出钱来！"小何一听吓得晕了过去。那人一看小何是学生，什么东西也没有拿就跑了。小何回家后，老何就去报了案。小何从此落下了每天半夜啼哭的毛病，医生说就是因为惊吓，慢慢就好了，不用吃药，老何一分钱也没花。后来那个人被抓住了，老何想要求精神损害赔偿，可是，有人告诉他，小何一分钱的东西都没有损失，是不能提起的。那么老何能不能替小何要求精神损害赔偿呢？

答：不能。由于在犯罪过程中小何确实没有一分钱的经济或者物质损失，在犯罪行为结束后也没有产生因为犯罪行为而形成的经济损失。根据刑事诉讼法第七十七条的规定，受害人只能要求有赔偿义务的人，赔偿自己的物质损失，而不能要求赔偿精神损失。

44.法律对刑事诉讼中的活动有没有时间上的要求？

村子里的小马因为打伤了人被法院判了3年刑，法院的人告诉小马，如果认为法院的判决有错误，可以上诉到上一级法院。拿到判决书之后，小马有一些犹豫，不知道自己该不该上诉。一转眼11天过去了，小马决定上诉，可是，法官又告诉他，上诉的时间过去了，他失去了上诉的权利，小马后悔极了。

答：小马的犹豫确实耽误了上诉期限，刑事诉讼法对刑事诉讼中的各种活动都有时间上的要求，对上诉行为的时间要求是当事人接到判决书第二日开始计算的10日以内，小马没有在上诉期限以内提出上诉，所以，失去了上诉的权利。

法律对刑事诉讼过程中的任何活动都有明确的时间要求。这种时间上的限制称之为期间，期间以时、日、月计算。在刑事诉讼过程中人民法院、人民检察院和公安机关，以及当事人和其他诉讼参与人都要遵守相关的规定。

45.期间怎样计算呢?

小马知道了诉讼过程中有时间的要求,但是他又不明白怎样计算合适,也不明白"当事人接到司法文书第二日开始计算"是什么意思。

答:刑事诉讼法对期间的计算办法有明确的规定,例如:小马是3月4日接到判决书的,他上诉的时间从3月5日开始计算,小马上诉期限届满的最后一日是3月14日。也就是说从3月5日到3月14日是小马的上诉期间。小马最迟应当在3月14日作出上诉或者不上诉的决定,如果要上诉,应当最迟在3月14日将上诉状递交法院或者邮寄。根据刑事诉讼法的规定,期间的计算办法有:(1)期间开始的时和日不计算在期间以内;(2)计算法定期间时,应当将路途上的时间扣除;(3)期间的最后一日为节假日的,以节假日后的第一日为期间届满日;(4)以月计算的期限,自本月某日至下月某日为一个月。(5)当事人由于不可抗力或者其他正当理由而耽误期限的,在障碍消除后的5日内申请延长期限。

46.能不能举例说明期间的各种计算办法?

小马一听计算的办法那么多就有些头晕,他从小就数学不好,怎么也不明白那些规定是什么意思?

答:法律关于期间计算办法的规定确实有些复杂,列举的仅仅是法律规定的第一种计算办法,下面一一举例说明:

(1)例如小马上诉期限最后一日是3月14日。但是,由于路途较远,小马准备通过邮局以邮寄的方式提交上诉状,于是,在3月14日上午小马就将上诉状投进了邮局的邮筒,上诉状到达法院时已经是3月16日,那么小马的上诉还有效吗?有效。小马的上诉行为是在14日作出的,上诉状在路途上的时间不能计算在内,由于小马在14日将上诉状交邮了,就不算过期。这就是:计算法定期间时,应当将路途上的时间扣除。

(2)如果小马不是通过邮局以邮寄的方式提交上诉状,而是自己直接向法院提交,假如小马接到判决书是 3 月 4 日,如前阐述,小马上诉期限届满的最后一日是 3 月 14 日,但是当小马拿着判决书到法院时发现是星期六,法院没有人上班。这时小马就可以在 3 月 16 日再到法院提交上诉状,法院照样是会受理的。这就是:期间的最后一日为节假日的,以节假日后的第一日为期间届满日。但是,只能顺延一日。

(3)如果某人从 2 月 3 日被监视居住 6 个月,计算办法就是:从 2 月 3 日到 8 月 3 日。这就是:以月计算的期限,自本月某日至下月某日为一个月。

(4)如果小马接到判决书第 8 日就因为突发阑尾炎住进了医院,在医院住院共计 7 天,小马出院后已经过了法律规定的期限怎么办?小马可以在出院后的 5 日内向人民法院提出申请要求将上诉期限顺延,耽误几日顺延几日。因为他 10 天的上诉期限因为生病仅仅耽误了 2 天,所以,小马仅仅能要求顺延 2 日。这就是:当事人由于不可抗力或者其他正当理由而耽误期限的,在障碍消除后的 5 日内申请延长期限。

47.法律只是对老百姓规定了期限吗?

小马学会了各种期间的计算办法,他发现法律还是挺有意思的,决定在服刑期间自学法律。突然他又想:难道法律只是给老百姓规定了期限,那些代表国家的机关有没有期限呢?

答:任何一个参加到刑事诉讼中去的机关和个人都有期间的约束,公安机关、人民检察院、人民法院也不例外。法律规定的司法机关办案的期限有:(1)侦查羁押期限一般不得超过两个月,特殊情况下,经上级人民检察院批准可以延长一个月,对于交通十分不便的边远地区的重大复杂案件、重大的犯罪集团案件、流窜作案的重大复杂案件、犯罪涉及面广、取证困难的重大复杂案件,经省、自治区、直辖市人民检察院批准或者决定,可以延长两个月。对于犯罪嫌疑人可能判处十年有期徒刑以上刑罚的案件,经省、自治区、直辖市人民检察院

刑事诉讼程序

批准或者决定,可以再延长两个月。(2)审查起诉的期限不得超过一个半月。(3)补充侦查的期限不得超过一个月。(4)一审的期限一般不得超过一个半月,对于上述四类案件,经省、自治区、直辖市高级人民法院批准或者决定,可以再延长一个月。(5)二审期限一般不得超过一个半月,对于上述四类案件,经省、自治区、直辖市高级人民法院批准或者决定,可以再延长一个月。

48.刑事诉讼法中有上诉也有申诉,这两个诉一样吗?时间要求上是相同的吗?

小马真的在监狱开始了法律专业的学习,他发现在课本中有申诉还有上诉,这两种诉好像不同又好像一样。小马就不懂了,两个诉到底相同还是不相同呢?

答:这两个诉是不一样的,上诉的对象是一审人民法院做出了第一审判决,但是还没有发生法律效力,而申诉的对象是人民法院已经发生法律效力的判决、裁定。两种诉在时间上的要求也是不一样的。对判决上诉、抗诉的期限为10日,对裁定的上诉、抗诉的期限为5日。而申诉一般在刑罚执行完毕2年内提出受理。特殊情况可以延长。

49.经常能看见法院门口有"通知",这是怎么回事?法院什么时候通知?

一天,村里老赵到县城办事,到法院门口,看见一堆人围在一起,老赵挤上前一看发现一张纸上写着这样的话:本院决定于2008年2月26日上午9时,在本院刑事审判厅公开审理张三盗窃一案。特此公告。抬头写的是"通知"。老张想知道通知是怎么回事。

答:法院门口的通知属于"开庭通知",是人民法院对于应当公开审理的案件在开庭的3天之前将开庭的时间、地点等予以通知,便于人民群众旁听。

通知在刑事诉讼中是一个常用的字眼,刑事诉讼法中规定的通知还有:公安机关拘留和执行逮捕后,除有碍侦查和无法通知的情形外,应当将拘留、逮捕的原因和羁押的处所,在24小时以内通知被拘留或被逮捕人的家属或者他的所在单位;人民法院决定开庭审判以后,应当将人民检察院的起诉书副本至迟在开庭10日以前送达被告人;将开庭的时间、地点在开庭3日以前通知人民检察院,传唤当事人,通知辩护人、诉讼代理人、证人、鉴定人和翻译人员,传票和通知书至迟在开庭3日以前送达。

50. 一份司法文书怎样才能到达当事人的手中?

李某,女,40岁,某市郊区农民。李某承包的责任田与同村谢某承包的责任田相邻。某日,谢某责任田的蔬菜被偷,与李某发生了口角,互相辱骂,李某怀恨在心。第三天上午,李某见谢某10岁的女儿梁某独自在田间看菜,顿时产生杀人歹念,于是将梁某推入排水沟内,将梁的头部按在泥水中,梁某被溺死。李某逃跑。此案经公安机关迅速侦破后,依法将李某逮捕归案。公安机关执行逮捕后,在法定期间内,将逮捕人犯的家属通知书送给李某家属时,李的家属躲避不见。最后,公安机关邀请村长作为见证人,将通知书留在了李某的家中。

答:公安机关邀请村长作为见证人,将通知书留在李某的家中的做法是正确的,属于刑事诉讼法中的留置送达。司法机关依照一定方式和手续,将诉讼文件送交收件人的活动在刑事诉讼中称之为送达。送达的主体是公安机关、人民检察院和人民法院,其他任何机关和个人之间发生的交换诉讼文书的行为不属于送达。送达须按法定程序进行方能发生法律效力。送达的内容是确定的,只能是诉讼文件,如传票、通知书、起诉书、不起诉书、判决书、裁定书等。

送达的种类有以下几种:(1)送达传票、通知书和其他诉讼文件应当交给收件人本人;(2)如果本人不在,可以交给他的成年家属或者所在单位的负责人员代收;(3)可以通过邮局送达;(4)可以委托收件人所在地的人民法院代为送达;(5)收件人是军人的可以通过所在部队团级以上单位的政治部门转交;如果收件人是服刑人员以及被劳动教养的,可以通过所在监狱或者劳动教养单位转交。

51.什么是证据?证据最主要的特征是什么?

小姚(女)和小张(男)是高中同学,两人属于自由恋爱,结婚的头两年两人的感情很好,第三年有了女儿之后,小张开始无故殴打小姚,一次把小姚的两根手指打骨折了。小姚想通过法律保护自己,就到法院去了,法院的同志告诉小姚:一定要保留好证据。小姚不明白什么是证据。

答:小姚一定要注意保留证据,有了证据才能保护自己的合法权益。因为,证据顾名思义,就是证明的依据或凭据。人们的日常生活中,都广泛地进行着大量的证明活动,即用已知的事实来证明未知的事实,这里已知的事实是证据,未知的事实是证明对象。因此,一般意义上的证据,是指证明的凭证或称证明的根据。刑事案件中的证据有以下特征:

(1)从证据所反映的内容方面看,证据是客观存在的事实,不以人的意志为转移,具有客观性。

(2)从证明关系看,证据是证明案件事实的凭证,是用来认定案情的手段,与案件要有一定的关联性。

(3)从表现形式看,证据必须符合法律规定的表现形式,收集证据的人员、程序要符合法律的规定,证据还要符合法律规定的形式。

小姚在收集证据时一定要注意以上三点,如果不符合以上三点,即使拿出了证据,法院也不会采信。

52.刑事诉讼中的证据有哪些?

小姚知道了什么是证据之后,就开始留心收集证据,可是每次看见自己身上的伤痕,她都不知道该怎么办,有人告诉她可以照相,而且到医院看病的病历也要保存好,这些都是证据。小姚不知道这种说法对不对。

答:这种说法是正确的,小姚还可以邀请知道情况的邻居给自己作证。我国刑事诉讼法第四十二条规定："证据有下列七种：（一）物证、书证；（二）证人证言；（三）被害人陈述；（四）犯罪嫌疑人、被告人供述和辩解；（五）鉴定结论；（六）勘验、检查笔录；（七）视听资料。"

公检法三机关都有权向有关单位和个人收集、调取证据。有关单位和个人应当如实提供证据。对于涉及国家机密的证据，应当保密。收集证据是公安司法工作人员为查明案件事实真相，依照法定程序调查、发现、取得和保全一切与案件有关的情况和材料的活动。侦查人员、检察人员、审判人员必须依照法定程序，收集能够证实犯罪嫌疑人、被告人有罪或者无罪、犯罪情节轻重的各种证据。严禁刑讯逼供和以威胁、引诱、欺骗以及其他非法的方法收集证据。必须保证一切与案件有关或者了解案情的公民有客观地充分地提出证据的条件，除特殊情况外，可以吸收他们协助调查。

从广义上说，在刑事诉讼中除了公安司法机关依据职权收集证据之外，当事人和辩护人有时也可以进行证据收集。刑事诉讼法第三十七条规定，辩护律师经证人或者其他有关单位和个人同意，可以向他们收集与本案有关的材料。在自诉案件中，法律规定自诉人向人民法院提起诉讼时，应该提供足够的证据。

收集证据有以下基本要求：一是必须严格依照法定程序进行；二是必须主动及时；三是必须客观全面；四是注意依靠群众和运用科学技术手段；五是收集的证据必须妥善保全。

凡是知道案件情况的人都有作证义务。生理上、精神上有缺陷或者年幼，不能辨认是非、不能正确表达的人不可以为证人。公安司法机关应切实保障证人及其近亲属的安全。

运用证据认定案情是指公安司法工作人员对收集的证据材料进行审查核实后，依据查证属实的证据来确定案件事实。运用证据认定案情与审查判断证据密切联系，但又有不同。审查证据是审查证据的客观性和关联性，判断证据真伪和对案件事实的证明力。认定案情是在审查证据的基础上，依据已经查证属实的证据对案件事实作出判断。运用证据认定案情是一个逐步深入的过程。各个诉讼阶段都运用证据认定案情,通过一道道程序的把关,对案件事实的认识也越来越符合真相,最终达到法律规定的证明要求——犯罪事实清楚,证据确实充分。此时认定案件事实的证据从总体上形成一个严密的证明体系,得出的结论是唯一和排他的。

运用证据认定案情必须注意以下问题:一是据以定案的所有证据都必须经过法庭调查核实。二是只有被告的供述,没有其他证据的,不能认定被告有罪和处以刑罚;没有被告供述,证据确实充分的,可以认定被告有罪和处以刑罚。三是对定罪证据不足所形成的"疑案",应按无罪处理。

53.什么是物证?常见的物证有哪些?

老王到县城旁听一个案件的审理,审理过程中公诉人说,下面我出示物证,接着拿出了一把斧子、一件衣服等,还拿出了一个照片,说是指纹。老王不明白指纹怎么是物证?

答:指纹也是物证,因为按照法律的规定,物证不仅仅是物品,还包含痕迹,指纹是犯罪嫌疑人遗留在现场的痕迹,所以,也属于物证。物证,是指能够以其外部特征、内在属性和存在场所来证明案件的真实情况的物品或痕迹。

物证的表现形式也是很丰富的。在刑事诉讼中,这些物品或痕迹主要有:

(1)犯罪工具,如杀人的凶器、盗窃时撬锁的工具等等。

(2)犯罪行为直接侵犯的物质对象,如盗窃、抢劫、抢夺、诈骗、贪污所获取的赃款、赃物等。

(3)表现犯罪社会危害性后果的物品,如被毁坏的机器、仪器,被焚毁、炸毁的建筑物等。

(4)由犯罪行为所产生的非法物品,如非法制造的枪支、弹药、毒品,伪造的国家证券等。

(5)由犯罪行为产生的痕迹,如被害人身体上的伤痕、被破坏的门窗上遗留的撬压痕迹等。

(6)犯罪人在预备犯罪、实施犯罪的各种场所遗留的能反映该人特征的物品或痕迹,如犯罪人的衣物、指纹、脚印等。

(7)在犯罪过程中或者犯罪后,犯罪人为掩盖罪行、对抗侦查而伪造的各种物品和物质痕迹。

(8)能够表明犯罪嫌疑人、被告人无罪的各种物品或物质痕迹。

(9)其他可供查明案件真实情况的物品或物质痕迹。

54.什么是书证？收集书证时有什么要求？

老王听见公诉人接着说:"下面我再出示一份书证。"接着拿出了一个笔记本。老王又纳闷了:笔记本明明是一个东西(物品),怎么就成了书证？

答:老王的疑惑是对的,因为广义的物证其实就包含着书证,只是二者还是有着很大的差距,物证是以外表起证明作用的,而书证是以内容起证明作用的,公诉人宣读的是笔记本中的文字,所以,笔记本是书证。刑事诉讼法规定书证是指在诉讼以外形成的,并以文字、符号、图形等形式所表达的思想内容来证明案件真实情况的书面文件或其他物体。书证可分为原本、正本、副本、节录本、影印本和译本。

原本是制作人第一次并直接制作的文本,也叫底本;正本是通过对原本全文抄录、印制等方法作成的内容与原本完全相同,对外与原本具有相同的法律效力的文书;副本也是对原本全文抄录、印制后产生的,但不具有正本的效力,应加盖与正本核对无异的印鉴;节录本是指从原本或正本中摘抄其主要内容而形成的文本；影印本是应用影印技术,将原本或正本摄影或复印而形成的文本。译本是指以另一种文字翻译的文本,与据以翻译的文本同属一档,根据正本翻译的,属正本,根据副本翻译的属于副本,与原来的文本共为一个证据。

在收集书证时,应当提交原件。但如果提交原件确有困难的,可以提交复制品、照片、副本、节录本。调查人员调查收集的书证,可以是原件,也可以是经核对无误的副本或者复制件。

55.什么是证人证言？证人可不可以拒绝作证？

公诉人读完书证之后又说："下面宣读一份证人证言。"老王又不明白了。还是在读,名字怎么又不一样了？

答:同样是在读,名称确实是不一样的。刑事诉讼法规定,知道案件情况的人是证人,证人有作证的义务,但是,不是所有的证人都能出庭作证,对于开庭当天不能出庭作证的证人证言,公诉人可以在法庭上宣读,和证人亲自在法庭上做出的阐述具有同样的效力。

所谓证人,是指知道案件真实情况,应当事人的询问和人民法院的传唤到庭作证的人。但是,并不是所有知道案件情况的人都有作证的义务,我国刑事诉讼法第四十八条明确规定："生理上、精神上有缺陷或者年幼,不能辨别是非、不能正确表达的人,不能作证人。"所以,以下三种人不能作为证人:(1)生理上有缺陷不能辨别是非、不能正确表达的人;(2)精神上有缺陷不能辨别是非、不能正确表达的人;(3)年幼的不能辨别是非、不能正确表达的人。

证人证言是指证人就自己所知道的案件情况向公安司法机关所作的陈述。证人证言一般是口头陈述,以证人证言笔录加以固定,在刑事诉讼中,经办案人员同意由证人亲笔书写的书面证词,也是证人证言。证人证言的内容,一般应当是自己亲眼见到或亲耳听到的情况。证人转述他人所了解的情况,必须说明来源。

刑事诉讼法第四十八条规定："凡是知道案件情况的人,都有作证的义务。生理上、精神上有缺陷或者年幼,不能辨别是非,不能正确表达的人,不能作证。"所以,凡是了解案件情况的人都应当作证,证人不能拒绝作证。

符合下列情形,经人民法院准许的,证人可以不出庭作证:
(1)未成年人;
(2)庭审期间身患严重疾病或者行动极为不便的;
(3)其证言对案件的审判不起直接决定作用的;
(4)有其他原因的。

56.什么是被害人陈述?

旁听完案件以后,老王对法律产生了兴趣,回家找了一些法律书来看,发现除了书证、物证、证人证言之外,还有被害人陈述。老王还想知道什么是被害人陈述?

答:在刑事案件中,只要有被害人,公安机关、人民检察院、人民法院,都要向被害人了解案件情况,这就是被害人陈述。按照刑事诉讼法的表述,被害人陈述是指受犯罪行为直接侵害的人向公安机关、人民检察院或人民法院就其遭受犯罪行为侵害的事实和有关犯罪嫌疑人、被告人的情况所作的陈述。这种证据是刑事诉讼中所特有的证据种类。

被害人陈述的方式,应当以口头陈述的方式进行,以笔录的方式加以固定,也可以录音。如果被害人是未成年人或其他精神不健全的人,在询问时,他的法定代理人可以在场,但不得代替被害人陈述。

57.什么是鉴定结论?常见的鉴定有哪些?

甲打了人,对方要求承担责任,但是,甲家里人提出甲从小就精神方面有问题,不应当承担责任。并提出了鉴定的要求,说甲应当不应当承担责任要根据鉴定结论。那么,什么是鉴定结论呢?

答:在许多案件中都有鉴定结论,有的是像甲一样的精神方面的鉴定,有的是笔迹鉴定,有的是伤情鉴定,具有专门知识的人对以上问题做出的最终结论就叫鉴定结论。鉴定结论是指接受司法机关的指派或聘请或当事人及其法定代理人聘请的鉴定人,对案件中的专门性问题进行鉴定后所作的书面结论。

(1)法医病理鉴定:运用法医病理学的理论和技术,通过尸体外表检查、尸体解剖检验、组织切片观察、毒物分析和书证审查等,对涉及与法律有关的医学问题进行鉴定或推断。其主要内容包括:死亡原因鉴定、死亡方式鉴定、死亡时间推断、致伤(死)物认定、生前伤与死后伤鉴别、死后个体识别等。

(2)法医临床鉴定:运用法医临床学的理论和技术,对涉及与法律有关的医学问题进行鉴定和评定。其主要内容包括:人身损伤程度鉴定、损伤与疾病关系评定、道路交通事故受伤人员伤残程度评定、职工工伤与职业病致残程度评定、劳动能力评定、活体年龄鉴定、性功能鉴定、医疗纠纷鉴定、诈病(伤)及造作病(伤)鉴定、致伤物和致伤方式推断等。

(3)司法精神病鉴定:运用司法精神病学的理论和方法,对涉及与法律有关的精神状态、法定能力(如刑事责任能力、受审能力、服刑能力、民事行为能力、监护能力、被害人自我防卫能力、作证能力等)、精神损伤程度、智能障碍等问题进行鉴定。

(4)法医物证鉴定:运用免疫学、生物学、生物化学、分子生物学等的理论和方法,利用遗传学标记系统的多态性对生物学检材的种类、种属及个体来源进行鉴定。其主要内容包括:个体识别、亲子鉴定、性别鉴定、种族和种属认定等。

(5)法医毒物鉴定:运用法医毒物学的理论和方法,结合现代仪器分析技术,对体内外未知毒(药)物、毒品及代谢物进行定性、定量分析,并通过对毒物毒性、中毒机理、代谢功能的分析,结合中毒表现、尸检所见,综合作出毒(物)中毒的鉴定。

(6)司法会计鉴定:运用司法会计学的原理和方法,通过检查、计算、验证和鉴证对会计凭证、会计账簿、会计报表和其他会计资料等财务状况进行鉴定。

(7)文书司法鉴定:运用文件检验学的原理和技术,对文书的笔迹、印章、印文、文书的制作及工具、文书形成时间等问题进行鉴定。

(8)司法痕迹鉴定:运用痕迹学的原理和技术,对有关人体、物体形成痕迹的同一性及分离痕迹与原整体相关性等问题进行鉴定。运用枪械学、弹药学、弹道学的理论和技术,对枪弹及射击后残留物、残留物形成的痕迹、自制枪支和弹药及杀伤力进行鉴定。

(9)微量物证鉴定:运用物理学、化学和仪器分析等方法,通过对有关物质材料的成分及其结构进行定性、定量分析,对检材的种类、检材和嫌疑样本的同类性和同一性进行鉴定。

(10)计算机司法鉴定:运用计算机理论和技术,对通过非法手段使计算机系统内数据的安全性、完整性或系统正常运行造成的危害行为及其程度等进行鉴定。

(11)声像资料司法鉴定:运用物理学和计算机的原理和技术,对录音带、录像带、磁盘、光盘、图片等载体上记录的声音、图像信息的真实性、完整性及其所反映的情况过程进行鉴定;并对记录的声音、图像中的语言、人体、物体作出种类或同一认定。

对鉴定结论的判断和使用应当注意两点:其一,鉴定结论不能因其所具有的科技性而获得预定的证明效力。由于主客观原因的影响和限制,鉴定结论不排除出错的可能,所以还需要对其进行检证。其二,鉴定结论只应回答专业技术问题,不能回答法律问题。

58.如果对鉴定结论有疑问怎么办?

2007年11月15日晚6时左右,甲乙两人因邻里纠纷扭打。2007年11月16日,甲到当地门诊治疗。2007年11月18日,当地医院根据11月16日的门诊病历鉴定为轻微伤,其依据为:头、面部、双上肢多处刮伤,右额部位有几处擦伤。甲申请了鉴定,出现了三次不同结果的鉴定结论:第一次轻微伤、第二次重伤、第三次轻伤。乙认为应当按照第一次的结论为准,甲认为应当按照第二次的结论为准。

答:甲和乙都有权申请重新鉴定。刑事诉讼法规定犯罪嫌疑人或者被害人认为鉴定结论有疑点、与案件事实因果关系不明确或者有遗漏等,可能影响对案件事实的认定,使自己的合法权益受到损害的,可以申请公安机关补充鉴定;如果犯罪嫌疑人、被害人有充足的理由证明鉴定结论确有错误或者鉴定人应当回避而没有回避,以及其他原因影响鉴定人作出正确鉴定结论的,其鉴定结论可能影响案件公正处理,可以申请重新鉴定。犯罪嫌疑人和被害人提出补充鉴定或者重新鉴定申请的,公安机关应当对原鉴定结论重新进行审查,认为原鉴定结论正确,不存在犯罪嫌疑人或者被害人提出的需要补充鉴定或重新鉴定的情形的,应当驳回申请,维持原鉴定结论,并说明理由;如果原鉴定结论存在犯罪嫌疑人或者被害人提出的需要补充鉴定或者重新鉴定的情形,应当进行补充鉴定或者重新鉴定。重新鉴定,应当另行指派或者聘请鉴定人。

59.什么是视听资料?

一天,村里的张、赵两家发生了纠纷,打了起来。正好李家老三在调试新买的录像机,将这个过程录了下来。后来这盘带子在法庭上起了很大的作用。这盘带子叫什么?

答:这盘带子就叫视听资料。视听资料,是指以录音带、录像带、光盘、电脑或其他科学技术设备储存的音像或者电子信息证明案件事实的证据。视听资料划分为以下几种:

(1)录音资料

应用声、光、电和机械学等方面的科学技术,把正在进行的演说、对话、自然声响等声音如实地记录下来,然后通过播放再现原来的声迹,以证明案件真实情况的证据。

(2)录像资料

应用光电效应和电磁转换的原理,将事物运动、发展、变化的客观真实情况原原本本地录制下来,再经过播放,重新显示原始的形象来证明案件真实情况的证据。

(3)电子计算机存储资料

应用电子计算机的存储功能,把与案件有关的资料编制成一定的程序,输入存储器内,一旦需要从这些资料中检查某些信息时,就可以操纵输出设备,在终端显示器上显现出图像和数据、电传打印出资料的全部内容,以证明案件的真实情况。

(4)其他应用专门技术设备检测得到的信息资料

视听资料的特点具体表现为:一是容量大、内容丰富,直观性强,可以连续不断地播放,使用方便、快捷、可靠;二是与其他证据相比,视听资料客观性强,其准确性和可靠性大;三是体积小、重量轻,易于保存;四是法制宣传教育的有效手段。

60.刑事案件中需要有证据证明的事实包括哪些？

甲,男,25岁,农村俗称憨子,与父母生活在一起。小学一年级念了6年还没升到二年级,只能勉强做10以内的加减法,能完成简单的农活。乙,男,约40岁,农民。两家素有矛盾,一日甲父亲因病住院,甲下地割草,到村口时,乙于30米远处看见甲,想殴打他。乙准备了棍棒上前击打甲头部、身体,甲只是挡着没有还手,继续拉车前行了10米多,乙又提棍追上去从甲车中取下镰刀朝甲身上打去,造成甲脸上划伤一处,乙继续殴打。甲急,遂放下车,夺下乙手中镰刀朝乙身上打去,乙格挡下结果镰刀断裂,这时乙手中还有棍,甲又从旁边捡起一木棍朝乙打去。乙倒地,甲又朝乙脑门上一棍子,乙躺在地上不动了。这时乙儿子闻声赶来查看,见甲头上出血遂拿刀追甲,甲急拉车回家,推家门不开,遂放下车朝集上派出所跑去。甲到派出所被扣留。乙被送往医院,次日因颅脑破裂死亡。甲的家人认为甲有精神病,不需要承担刑事责任。这个案件中哪些事情需要有证据证明呢？

答:在这个案件中需要有证据证明的有,甲的精神状况、甲和乙打斗过程中的具体情节、甲的伤情、乙死亡的原因等。根据刑事诉讼法的规定,在刑事案件中,需要运用证据证明的案件事实包括:

（1）被告人的身份。

（2）被指控的犯罪行为是否存在。

（3）被指控的行为是否为被告人所实施。

（4）被告人有无罪过,行为的动机、目的。

（5）实施行为的时间、地点、手段、后果以及其他情节。

（6）被告人的责任以及与其他同案人的关系。

（7）被告人的行为是否构成犯罪,有无法定或者酌定从重、从轻、减轻处罚以及免除处罚的情节。

（8）其他与定罪量刑有关的事实。

61.谁有权利收集证据？收集证据的基本要求是什么？

法庭上一直在说证据,证据是怎么来的？证据可以随便收集吗？

答：法庭上的证据是有权利收集证据的机关和个人收集到的。证据不是随便收集，收集证据的人员和机关、收集证据的程序和方法，法律都有明确的规定。刑事诉讼法第四十三条规定，审判人员、检察人员、侦查人员必须依照法定程序，收集能够证实犯罪嫌疑人、被告人有罪或者无罪、犯罪情节轻重的各种证据。严禁刑讯逼供和以威胁、引诱、欺骗以及其他非法的方法收集证据。必须保证一切与案件有关或者了解案情的公民，有客观地充分地提供证据的条件，除特殊情况外，并且可以吸收他们协助调查。

辩护律师经证人或者其他有关单位和个人同意，可以向他们收集与本案有关的材料，也可以申请人民检察院、人民法院收集、调取证据，或者申请人民法院通知证人出庭作证。

辩护律师经人民检察院或者人民法院许可，并且经被害人或者其近亲属、被害人提供的证人同意，可以向他们收集与本案有关的材料。

公安机关必须依照法定程序，收集能够证实犯罪嫌疑人有罪或者无罪、犯罪情节轻重的各种证据。严禁刑讯逼供和以威胁、引诱、欺骗或者其他非法的方法收集证据。必须保证一切与案件有关或者了解案情的公民，有客观充分地提供证据的条件，除特殊情况外，并且可以吸收他们协助调查。

62. 一个案件只有被告人的供述，没有其他证据怎么办？

小庄村的李四赶集回家发现，自己刚刚买牛得到的5000元现金不翼而飞，消息传出，有人告诉李四，钱可能是同村的张三偷的。李四赶紧到派出所报了案，派出所的同志叫走了张三。李四想：这一下自己的钱可以追回来了，可是过了些天，张三又回家了，李四到派出所一问，派出所的同志告诉他："张三虽然承认了钱是自己拿的，但是只有张三自己的话，没有找到任何其他的证据，案件不能认定。"李四不明白，他自己都承认了，还需要什么证据？

答：在这个案件中即使张三自己承认李四的钱是他偷的，也不能认定钱就是张三偷走的,还需要有其他的证据和张三的供述相互印证,才能认定案件。因为,我国刑事诉讼法规定,对一切案件的判处都要重证据,重调查研究,不轻信口供。如果一个案件只有被告人的供述,没有其他证据,不能认定被告人有罪和处以刑罚;没有被告人供述,却有其他证据,而且其他证据充分确实的,可以认定被告人有罪并处以刑罚。

63.如果证人怕被打击报复怎么办?

王五和赵六是村子里的两霸,他们两人经常闹矛盾。一天,两人不知道因为什么事情又打了起来,围观的人很多。最后,两个人都被送到了医院。第二天公安机关的人也来了,了解当天二人打架的情况,可是村子里谁也不愿意说话,都害怕打击报复。那么法律有没有保护证人的制度呢?

答:有。在我们的周围经常会发生这样的事情,一些证人了解案件情况,可是害怕打击报复而不敢出庭作证。针对这种情况,刑事诉讼法第四十九条规定:"人民法院、人民检察院和公安机关应当保障证人及其近亲属的安全。对证人及其近亲属进行威胁、侮辱、殴打或者打击报复,构成犯罪的,依法追究刑事责任;尚不够刑事处罚的,依法给予治安管理处罚。"

司法工作人员对犯罪嫌疑人、被告人实行刑讯逼供或者使用暴力逼取证人证言的,处三年以下有期徒刑或者拘役。致人伤残、死亡的,可以依照故意伤害罪和故意杀人罪的规定定罪从重处罚。刑法三百零七条规定:"以暴力、威胁、贿买等方法阻止证人作证或者指使他人作伪证的,处三年以下有期徒刑或者拘役;情节严重的,处三年以上七年以下有期徒刑。帮助当事人毁灭、伪造证据,情节严重的,处三年以下有期徒刑或者拘役。司法工作人员犯罪的,从重处罚。"刑法三百零八条规定:"对证人进行打击报复的,处三年以下有期徒刑或者拘役;情节严重的,处三年以上七年以下有期徒刑。"

所以,证人如果害怕被打击报复可以请求公安司法机关予以保护,如果已经被打击报复的,可以要求公安司法机关追究其法律责任。

64.我国刑事诉讼法规定谁应当承担案件的证明责任?

上流村的张家丢了电视机,派出所接到报案后认为是下流村的王某有重大嫌疑。于是,将王某带到了派出所进行讯问。讯问中有下面一段对话:

公安民警:我告诉你,你要如实把你所犯的罪行讲出来。

王某:我没有犯罪。

公安民警:你有什么证据证明你没有犯罪?

王某:我就是没有犯罪,我要请律师。

公安干警:你还想请律师?想得美。

答:在以上的记录中公安干警的话有两处错误。第一,问王某有什么证据证明是错误的。按照我国刑事诉讼法的基本原理和规定,王某不承担举证的责任,也就是说王某没有必要必然拿出证明自己没有犯罪的证据。相反,应当由公安机关收集证明王某犯罪的证据,否则应当认定王某没有实施犯罪行为。第二,当王某提出请律师的时候,干警告诉王某没有权利请律师是错误的。王某可以聘请律师。应当是公安机关收集能够证明王某有罪的证据,不能由王某提供自己没有罪的证据,如果没有证据证明王某有罪,任何机关都不能认定王某有罪和判处刑罚。因为,我国刑事诉讼法对于证明责任进行了如下分担:

(1)在自诉案件中证明责任由自诉人承担。如果自诉人提不出证据证明被告人有罪,法院将做出驳回自诉的裁定。

(2)在公诉案件中证明责任应当由人民检察院承担,如果人民检察院提不出充分、确实的证据证明被告人有罪,法院应当做出证据不足、指控罪名不能成立的无罪判决。

(3)被告人在一般情况下不承担证明自己无罪的责任,但在巨额财产来源不明犯罪以及某些持有型犯罪中,被告人也应承担部分证明责任。

需要指出的是,被告人在刑事诉讼中不承担证明责任,不等于说被告人在刑事诉讼中不可以提供证据。

65. 如果发生了刑事案件,怎样保护现场?

翠花在娘家住了三天回家一看,自己离开的时候锁的好好的门被人撬开了,家里被翻得乱七八糟,翠花想起了自己的嫁妆:金项链、金戒指、金耳环。可是一着急翠花也想不起来自己藏在了什么地方,翠花在自己可能藏的地方好好翻了一遍,还是没有找到。闻讯赶来的邻居告诉她赶快报案,翠花报案了,可是派出所的同志来了之后说:"现场没有保护好,已经被破坏了,案件很可能无法侦破。"翠花一听自己的嫁妆找不回来了就放声大哭。邻居们说自己家里被偷了,自己也不能动吗?

答:翠花的做法确实是错误的,当发现自己家里被盗的时候,一定要保护好现场,等待公安机关的人员到场,公安机关的人员允许翻动现场的时候才可以进入现场。保护现场即保护现场的原始状态,在公安人员到场前,不允许任何人触摸或移动现场中的任何一个物体。因为现场上的任何物品都可以成为证实犯罪的确凿证据,现场发现受了重伤的人,必须立即进行急救,但要尽量避免破坏现场。

66. 遇到刑事案件怎样向公安机关报案?报案时应当注意什么?

延川乡的李四带着儿子去赶集,在集市上儿子被一辆拖拉机撞了,李四急急忙忙打了120急救电话,将儿子送进了医院。在医院里忙了几天,儿子终于脱离了危险。李四想:公安局的人应当把开拖拉机的人抓住了吧,就到公安机关去问情况。可是公安机关的同志告诉李四,公安机关根本就不知道这回事,也就谈不上抓人了。李四纳闷了,自己不是打了120电话了吗?

答:李四打的120电话,是属于医院的急救电话,而不是报警电话,所以,遇到刑事案件首先打110报警电话是正确的,受伤需要救治时应当同时拨打 110 报警电话和 120 急救电话。刑事诉讼法规定，任何单位、社会组织和公民在发生或发现刑事犯罪案件后，都有权利和义务立即就地就近向公安机关、所在单位保卫部门或公安执勤人员报告。报告的方法在城市可拨打 110 向公安机关直接报警，也可向就近的公安派出所、治安岗亭、责任区的刑警、公安执勤人员报告。在农村除利用电话直接向公安机关报案外，还可通过村民委员会、治保会等组织或乡、镇派出所、责任区刑警中队报案。

报案时应当注意：报案人要尽可能地讲清楚案件发生或发现的地点、时间，是什么案件，被害人和作案分子的重要情况及自己的姓名、单位、职业、居住地址等。如果当场抓获犯罪分子，应当立即扭送到公安机关，并介绍自己所知道的情况。

67.如何写刑事犯罪检举信？

这些年村子里人们的收入越来越好，属于村子里的钱也越来越多。大庄村的村民看见村长家的生活也越来越好：电话、彩色电视、手机、电脑、冰箱等，最近村长还开上了小轿车，村子里的人议论纷纷，说村长把村子里的钱装进了自己的腰包。村里几个老党员聚在一起议了议，觉得有必要将情况向有关部门反应，可是又不知道检举信怎么写。

答：检举信一般由首部、正文和尾部三个部分组成。（1）首部。按照干部管理权限应首先注明受理举报的纪检监察部门的名称，被检举人的姓名、性别、职务、级别和政治面貌，被检举人所在单位的名称及亲属关系，被检举问题的性质。（2）正文。此部分内容是检举信的重点。要求举报人应当尽可能据实告知纪检监察机关被检举人违法违纪事实的具体情节和证据。如违法违纪事实发生的时间、地点，所涉及的相关单位和知情人，知情人的身份、单位和联系电话，相关的书证物证等。如检举的是经济问题，要尽可能详细注明违法违纪的金额、数额，涉及的账号和银行等。对所检举的问题要按问题的类型和性质逐条叙述。（3）尾部。根据中央纪委监察部有关规定，提倡署名举报,检举人应尽可能签署真实姓名。同时,还要注明写信的时间,检举人的单位、地址、邮编及电话,以便受理部门联系。此外,还应注明同样问题是否向其他部门反映过及反映后调查处理情况,此次举报有何具体要求。如本人不愿意,也可以不写。有关机关绝对为检举人保密,保护检举人安全。

通过信函的形式揭发检举党员领导干部违法违纪行为要坚持实事求是的原则,要如实客观地检举问题,不准夸大或歪曲事实,更不准捏造材料,诬告他人,如有诬陷行为要承担法律责任;要遵守国家的宪法、法律、法规,不得损害国家、社会和集体的利益和其他公民的合法权利,服从符合法律、法规、政策和党纪政纪的处理,不得提过高要求;举报信在文字表述上要做到文字通顺,详略适当,层次清楚,言之有物,切忌空扣帽子而无实际内容;书写时要用钢笔或毛笔,字迹要清楚、整洁。

68. 生活中如何预防抢劫案件发生?

临近年关,老甘将自己养了1年的3头猪赶到集市上卖掉了,卖了1000多元钱,老甘很是高兴,美滋滋的,走一走按按自己的口袋,走一走按按自己的口袋。边走边筹划着钱怎么花,给老伴、给孙子的过年新衣服筹划了大半年了,这一下可以实现了。突然路边冲出两个人,用刀子逼着老甘掏走了口袋里的钱。看着那两个人走远的背影,老甘放声大哭。

答:老甘的动作很容易让一些有犯罪意图的人盯上,那两个人的行为称为拦路抢劫。抢劫案是指以非法占有为目的,暴力胁迫或者其他方法强行将公私财物抢走的案件。抢劫的方式很多,我们从大的方向来分可以分为:拦路抢劫、入室抢劫。为防止抢劫案的发生,须做到:不准身份不明者进入室内;室内休息时要锁好门窗;不要随身携带过多现金及贵重物品;经过偏僻路段要特别小心;不要向街头骗子兑换外币、购买物品;财物较多的单位应有人昼夜值班,值班人员要严守岗位;随身携带现金的要装在贴身的衣袋中,装好之后不要像老甘一样反复揣摸,以免引起别人的注意。

69.听说有抢夺,如何预防抢夺案件发生?

老王的经历和老甘差不多,只是,老王还在集市上,自己还一张一张数着的时候,迎面来了一个人一把就拿走了钱。拿老王钱的人和那两个拿老甘钱的人的行为一样吗?

答:不一样。拿走老甘钱的那两个人的行为叫抢劫,而拿走老王钱的人的行为叫抢夺。拿老甘钱的那两个人使用了暴力相威胁,而拿老王钱的那个人的行为是趁老王不备的时候。所以,两个是不一样的。抢夺是指以非法占有为目的,乘人不备,公然夺取数额较大的公私财物的案件。抢夺与抢劫是不一样的,抢劫是有暴力或者以暴力相威胁,而抢夺是公然夺取他人财物,这类案件常发生在公共场所和路面,如驾摩托车行驶中抢夺他人提包、挎包、项链等。

为防止此类案件发生,上街时手提包内不要装放贵重物品或大量现金;不要佩带贵重首饰;骑自行车时应将物品夹紧放妥,要注意观察周围情况,避开可疑人;不要将金钱等贵重物品放在别人容易拿取的显眼地方。

70.盗窃有哪些方式? 如何预防盗窃案件发生?

在村里,盗窃案件是最多的,人们都想知道,怎样预防。

答:在民风淳朴的农村,由于人们之间来往较多,关系较为紧密,防范意识较低,是盗窃案件多发地。盗窃案是指以非法占有为目的,秘密地窃取数额较大的公私财物的案件。我们将盗窃案件可以分为:路面盗窃和入室盗窃。二者的预防方式不同。

(1)路面盗窃的预防:在公共复杂场所,尽量不要暴露您随身的贵重物品,以免成为不法分子的作案目标。所有的盗窃都是利用人们的麻痹大意乘机得手的,提高警惕是防止自己物品被盗的最好方法。行走在行人较多的区域,应将重要物品放在安全的位置,譬如女士将皮包放在身体前。如果发生被人碰撞或不自然的接触情形后,应首先注意身上的物品是否安全。在公交站台或长途车站,如有人故意拦在上车处阻挡人群时,需要严加防范。这种情况有可能是实施盗窃的不法分子为其同伙下手作案创造条件。

(2)入室盗窃的预防:请检查您的住处是否存在周边安全隐患,如窗下有水管、阳台可供攀登自窗入室、房门钥匙是否多次转手他人等,首先应将这些安全隐患的危险度降到最低;睡觉前将房门锁好,门上最好装有插销类的装置,以防熟睡时被人利用插开房门等手段入室盗窃;如有条件,最好在家中安装电子防盗报警器,一套质量稳定的红外报警器价格不过500元,但可以将您的家庭被盗的可能性降到最小;夜间外出,请将家中客厅灯打开或打开电视机,造成家中有人的现象,以防窃贼乘隙下手;家中请勿存放大量的现金及贵重物品,如果家中有大额现金请及时存入银行;如果家中有暂时不需使用的贵重物品可到银行使用物品托管业务。如果是单位,单位的财物要专人保管,财务室不能存放过多的现金,严格按财经制度办事,安装防盗设施,有条件的要安装报警装置,落实治安保卫人员值班。住宅区要组织治安人员巡查,有条件的实行来访登记查询制度,门窗必须牢固,室内不要存放过多现金,金银手饰贵重物品应放置在较隐蔽的地方,出入要关门,睡觉前要检查门窗是否关好。

71.发生绑架勒索案时怎么办?

马家是村里有名的富人。一天,放学好长时间了,别人家的孩子都回家了,可是马家的13岁的三儿子还是不见回家,一家人分头寻找的时候,老马接到了一个陌生的电话,说孩子在他的手上,让老马拿钱赎人,还警告老马不要报警。放下电话,老马才反应过来:孩子被绑架了。一家人急了,怎么办呀?

答:老马应当立即报警。一般在绑架案件中,绑匪都要警告受害人的家人不要报警,但是,不能妥协于绑匪的威胁和恐吓,否则后果不堪设想。当然,要学会和绑匪周旋,拖延时间,取得绑匪的信任。当发生绑架勒索案时,应立即向110指挥中心报警或向当地公安机关刑侦部门报案。既不要立即交款赎人,也不要立即拒绝案犯要求,要设法稳住案犯,要在公安民警的协助下处理。在与案犯通话时应尽可能多地了解其情况,记下其特征,有条件时应将电话录音,要为解救人质和捕获案犯提供尽可能多的线索。

72.乘坐长途汽车如何预防扒窃?

小李和自己的女朋友在外打工一年时间,快过年了,二人取出了一年的积蓄,坐长途车回家,车上两人都迷迷糊糊地睡着了,一觉醒来发现衣服口袋被划了一个大口子,钱不见了。

答:小李二人过于疏忽大意,给犯罪分子留下了可趁之机。在长途汽车上扒窃分子往往利用乘客熟睡之际利用划兜、拉包等手段进行盗窃。上下车拥挤之机,在汽车车门附近进行扒窃活动。故此,乘客上下车时要防止因拥挤而疏忽自己的钱,在车上应尽量往人少的地方站,警惕身旁是否有可疑人无故挤靠自己,小心看护挂包、提包和钱包等物件。长途车上要睡觉时二人结伴出行的最好轮流休息,一人出行时最好不要随身携带大量现金,只要带够路途需要就可以,其余可以邮寄回家或者存进银行,带存折或者银行卡回家。

73.自己实施了犯罪行为怎么办?

小焦(16岁)一直是一个胆小怕事的男孩子,性格内向,一天学校几个高三年级的同学找到读高一的小焦,要求小焦将班上个头最小的小丽(女,15岁)骗出来,小焦不愿意。那几个高年级的同学拿出刀子逼着小焦说不愿意,就杀了小焦,小焦只好服从了。第二天听说小丽被那几个人强奸了。小焦吓坏了,不知道自己该怎么办。

答:小焦应当赶紧到公安机关投案自首。它属于被胁迫犯罪,按照法律规定可以从轻或者减轻处罚。任何人都有犯错误的可能,如果自己实施了犯罪行为,应当做到以下两点:一是主动到当地公安机关投案自首,交代问题,争取从宽处理;二是遇有被诱骗或强迫实施犯罪的,应坚决予以拒绝,并到当地公安机关刑侦部门或派出所反映有关情况。

74.刑事诉讼开始的标志是什么?

刑事诉讼程序从什么时候开始?犯罪嫌疑人被公安机关带走刑事诉讼就开始了吗?

答:刑事诉讼程序从立案开始,如果没有立案,即使公安机关带走了人也不代表刑事诉讼程序的开始。立案是刑事诉讼程序的开始阶段,是刑事案件成立的法定要件。立案,是指公安机关、人民检察院发现犯罪事实或犯罪嫌疑人,或者公安机关、人民检察院和人民法院对接受的报案、控告、举报或自首及自诉人的自诉材料进行审查后,判明有无犯罪事实和应否追究刑事责任,并决定是否作为刑事案件进行侦查或审理的诉讼活动。

75.立案的材料是什么?有哪些来源?

公安机关、人民检察院、人民法院怎样能够知道什么时间、什么地点有人实施了犯罪行为?

答:这个问题在刑事诉讼法中称为立案材料来源。公安机关、人民法院、人民检察院对下列材料,应当按照自己的管辖进行审查后,符合立案条件的进行立案。

(1)单位和个人的报案、举报。刑事诉讼法第八十四条规定:"任何单位和个人发现有犯罪事实或者犯罪嫌疑人,有权利也有义务向公安机关、人民检察院或者人民法院报案或者举报。"报案,是指单位和个人将其在工作和生活中所发现的犯罪事实报告给公安司法机关。举报,是检举和揭发的总称。所谓举报,是指单位和个人向公安司法机关检举、揭发犯罪嫌疑人及其犯罪事实的行为。

(2)被害人或其法定代理人的报案、控告。报案,是指被害人或其法定代理人将其人身、财产权利遭受侵害的犯罪事实报告给公安司法机关的行为。控告,是指被害人或其法定代理人向公安司法机关揭发犯罪嫌疑人及其犯罪事实,并要求依法处理的行为。

(3)犯罪人的自首。自首,是指犯罪人在犯罪后、被发觉之前主动向公安司法机关投案的行为。一般自首要具备两个要件:一是主动投案;二是如实陈述自己的罪行。我国刑法明确规定,犯罪人自首的,可以从轻、减轻或者免除处罚。

(4)司法机关自行发现的犯罪事实或者犯罪嫌疑人。刑事诉讼法第八十三条规定:"公安机关或者人民检察院发现犯罪事实或者犯罪嫌疑人,应当按照管辖范围,立案侦查。"司法机关是人民民主的重要工具,肩负着打击各种犯罪,维护社会治安的重要任务,当其在执行公务中,一旦发现犯罪事实或者犯罪嫌疑人时,就应当主动立案侦查。

76.立案的条件是什么?

小张在读初中二年级,由于发育不好,看起来像是小学六年级的学生。学校经常有一些高年级的学生欺负小学生。一天放学的时候,几个高年级的学生拦住了小张,什么话都没有说就拿走了小张的书包。小张想:应当到派出所让警察把那伙人抓起来。小张到了派出所,可是派出所的同志说:这事不大,不够立案的要求,不能把他们抓起来,但是,他们可以教育。小张想不明白,这么欺负人怎么就不能抓呢?

答:小张书包被拿走的行为不符合刑事诉讼法关于立案条件的规定,所以,派出所的回答是正确的,派出所可以协助学校和家长做好教育工作,但是不能将对方"抓起来"。根据刑事诉讼法的规定,立案的条件有两个:一是有犯罪事实发生,二是需要追究刑事责任。

有犯罪事实,是指有被客观、真实的证据所证明的危害社会的犯罪行为存在,包括犯罪的预备、实施、未遂、中止和既遂,它包含两个方面的意思:其一,要立案追究的,必须是依照刑法的规定构成犯罪的行为。如果不是犯罪行为,就不能立案。不能把一些属于违反道德规范的行为,违反党纪、政纪的行为,或者一般的违法行为当作犯罪,立案追究。当然,这里所说的"认为有犯罪事实"中的"犯罪事实",与刑法学意义上的"犯罪"概念应有所不同。这时若都要求具备刑法学意义上的犯罪构成诸要件,是不现实的。其二,要有一定的事实材料证明犯罪事实确已发生。就是说,要立案追究的犯罪行为,必须是有证据证明的客观存在的事实。

需要追究刑事责任的对立面是不需要追究刑事责任,那么什么是不需要追究刑事责任的情况呢?根据刑事诉讼法第十五条的规定,虽有犯罪事实发生,但犯罪已过追诉时效期限的;经特赦令免除刑罚的;依照刑法告诉才处理的犯罪,没有告诉或者撤回告诉的;犯罪嫌疑人、被告人死亡的;有关的法律、法令规定免予追究刑事责任的,均不追究刑事责任。因此,在一般情况下,凡是犯罪行为人具有上述法定的不追究刑事责任的情形之一的,就不应当立案。

77.所有的案件都应当立案吗?

满圈家的一头牛在5年前被同村的银满偷走了。当时,满圈家的孩子还小,满圈就忍了下来,没有报案。5年过去了,满圈家的孩子都长大了,满圈觉得应当了结5年前的事情了,他就到派出所报了案,可是过了几天派出所的同志告诉满圈:"案子已经过了追诉时效,不能立案。"满圈后悔极了。

答:满圈的案件由于过了追诉时效,不能追究银满的责任是对的。公安司法机关并不是接到报案就立案,还要审查是否符合刑事诉讼法的规定,符合刑事诉讼法第十五条规定的下列情形之一的,可以不立案:(1)情节显著轻微、危害不大,不认为是犯罪的;(2)犯罪已过追诉时效期限的;刑法的追诉时效期限是指刑法对犯罪追诉的有效期,刑罚根据罪行相适应的原则,将追诉时效期限分为四种:法定最高刑为不满5年有期徒刑的,经过5年;法定最高刑为5年以上不满10年有期徒刑的,经过10年;法定最高刑为10年以上经过15年;法定最高刑为无期徒刑、死刑的,经过20年。如果20年以后认为必须追诉的,须报请最高人民检察院核准。(3)经特赦令免除刑罚的;特赦,是指国家对特定的犯罪分子免除其刑罚的全部或者部分的执行,它只赦刑,不赦罪。宪法第六十七条、第八十条规定,特赦由全国人民代表大会常务委员会决定,特赦令由中华人民共和国主席发布;(4)依照刑法告诉才处理的犯罪,没有告诉或者撤回告诉的,包括侮辱、诽谤案、暴力干涉婚姻自由案、虐待案、侵占案;(5)犯罪嫌疑人、被告人死亡的;(6)其他法律规定免予追究刑事责任的。

78.公安机关应当立案而不立案的时候受害人怎么办?

某日凌晨4时左右,某县基层派出所民警江某在路边巡逻时发现前面四五十米远的地方,有一人身披大衣低头往前走,江即喊:"站住!"前面行人没有停下,继续往前走。江某又喊了两声,行人回头看了一下,拔腿就跑。江见行人跑,随后就追,边追边向行人背后开了一枪,正好击中行人左后背,伤及心脏,行人当即死亡。事情发生后,死者家属向当地公安机关提出控告,并多次要求依法惩处凶手,但当地公安机关以江某系执行职务,不是故意杀人为由一直没有立案。死者家属非常气愤,找了一个律师后,律师告诉他们可以找检察院。死者家属无奈找到人民检察院,反映了受害情况,并要求依法惩处凶手。

答:人民检察院了解到情况以后,要求公安机关立案侦查,最终,公安机关立案侦查。控告人、被害人对公安司法机关的不立案决定不服的,有权向做出决定的机关提出申请复议,原决定机关应当认真进行复议,并将复议结果答复申请人。对公安机关不立案的,被害人认为不正确,有权向人民检察院提出申诉,请求人民检察院要求公安机关立案。人民检察院接到被害人的申诉后,要求公安机关说明不立案的理由,如果人民检察院认为公安机关不立案的理由不能成立的,有权要求公安机关立案。

对于人民检察院要求公安机关立案的案件,公安机关仍然不予立案时,受害人可以直接向人民法院提起诉讼。

79.谁可以讯问犯罪嫌疑人?讯问的程序是怎么规定的?

小兵在城里一家公司打工,一天和几个同事到另外一个工厂去玩,第二天工厂的保安到小兵打工的公司叫走了小兵,将小兵带到自己的工厂以后用绳子将小兵捆在暖气片上面,要让小兵承认偷走了工厂的一辆小轿车。小兵坚决不承认有这样的事情,最后,在小兵打工的公司出面协调下第三天保安放了小兵。小兵直接到公安机关报了案。公安机关的同志说,保安没有讯问小兵的权利,而且保安还涉嫌非法拘禁。那么谁有讯问权?

答:工厂保安的做法是违法行为,如果发现工厂的小轿车被盗,工厂应当立即报案,由公安机关出面侦查,即使小兵真的是嫌疑人,保安也没有讯问小兵的权利。讯问犯罪嫌疑人,是指侦查人员依照法定程序以言词方式向犯罪嫌疑人查问案件事实的一种侦查行为。

讯问犯罪嫌疑人是一项重要的侦查活动,是每个案件的必经程序,是查明案件事实的有效措施。对犯罪嫌疑人而言,讯问过程是为自己进行辩解的最好时机。刑事诉讼法规定的询问犯罪嫌疑人的程序如下:

(1)讯问的人数。刑事诉讼法第九十一条规定:"讯问犯罪嫌疑人必须由人民检察院或者公安机关的侦查人员负责进行。讯问的时候,侦查人员不得少于二人。"如此规定是为了提高讯问效率,保障侦查人员的人身安全,有利于侦查人员互相监督,也是为了防止犯罪嫌疑人逃跑、自杀等意外情况发生。

(2)讯问的地点。刑事诉讼法第九十二条规定:"对于不需要逮捕、拘留的犯罪嫌疑人,可以传唤到犯罪嫌疑人所在市、县内的指定地点或者到他的住处进行讯问,但是应当出示人民检察院或者公安机关的证明文件。"出示证明文件的目的在于证明执行职务的合法性。传唤犯罪嫌疑人应当用《传唤通知书》。犯罪嫌疑人经合法传唤,无正当理由而不到案的,可以拘传。但事先不经传唤,直接拘传犯罪嫌疑人,也是合法的。无论传唤或者拘传,持续的时间最长不得超过12小时。不得以连续传唤、拘传的形式变相拘禁犯罪嫌疑人。对于已被拘留、逮捕的犯罪嫌疑人,必须在拘留、逮捕后的24小时以内进行讯问,其讯问场所,既可以是犯罪嫌疑人被羁押的地点,如看守所等,也可以是公安机关或人民检察院的工作场所。在讯问过程中,如果发现犯罪嫌疑人有不应当拘留、逮捕的情形时,应当立即释放犯罪嫌疑人,并发给释放证,以保护公民的合法权益。

(3)讯问的步骤和方法。刑事诉讼法第九十三条规定:"侦查人员在讯问犯罪嫌疑人的时候,应当首先讯问犯罪嫌疑人是否有犯罪行为,让他陈述有罪的情节或者无罪的辩解,然后向他提出问题。犯罪嫌疑人对侦查人员的提问,应当如实回答。但是对与本案无关的问题,有拒绝回答的权利。"处于侦查阶段的犯罪嫌疑人是否有罪,尚处在不确定状态,需要经过进一步的侦查,才能证实。为了防止侦查人员主观片面,先入为主,保证讯问工作的客观、公正性,法律要求,侦查人员在讯问犯罪嫌疑人时,应首先讯问他是否有犯罪行为。如果犯罪嫌疑人承认有犯罪行为,即让其陈述犯罪的情节;如果犯罪嫌疑人否认有犯罪事实,即让其作无罪的辩解,然后就其供述或辩解中与认定案件事实有关、影响对其定罪量刑的问题提问。我国法律没有规定不得强迫自证其罪,也没有赋予犯罪嫌疑人沉默权,犯罪嫌疑人对侦查人员的提问,应当如实回答。但是对与本案无关的问题,有权拒绝回答。至于是否与本案无关,应当以是否对查明本案的全部事实情节有实际意义或证据价值为准。但法律没有规定由谁认定侦查人员的提问是否与本案无关!就程序运作的过程看,进行讯问的侦查人员本人最可能是认定者。对于共同犯罪案件的同案犯罪嫌疑人的讯问,应当分别进行,未被讯问的犯罪嫌疑人不得在场,以防止同案犯串供或者相互影响供述。但必要时可以互相对质。

(4)讯问时的特殊规定。刑事诉讼法第九十四条规定:"讯问聋、哑的犯罪嫌疑人,应当有通晓聋、哑手势的人参加,并且将这种情况记明笔录。"对于不通晓当地通用语言文字的犯罪嫌疑人,讯问时,应当有翻译人员参加;讯问未成年犯罪嫌疑人时,可以通知其法定代理人到场,以保障未成年和生理上有缺陷的犯罪嫌疑人的辩护权的充分行使以及讯问工作的顺利进行。

(5)讯问时必须严格遵守法律的规定。讯问犯罪嫌疑人必须依照法定程序进行,严禁以刑讯逼供和以威胁、引诱、欺骗以及其他非法的方法逼取供述,否则,该供述不能作为定案的根据。

(6)讯问时应当制作笔录。讯问笔录应当交犯罪嫌疑人核对,对于没有阅读能力的,应当向他宣读。如果记载有遗漏或者差错,犯罪嫌疑人可以提出补充或者改正。犯罪嫌疑人承认笔录没有错误后,应当签名或者盖章。侦查人员也应当在笔录上签名。犯罪嫌疑人请求自行书写供述的,应当准许。必要的时候,侦查人员也可以要犯罪嫌疑人亲笔书写供词。

(7)告知犯罪嫌疑人的基本权利。犯罪嫌疑人在第一次被讯问后或者被采取强制措施之日起,侦查人员应当告知他可以聘请律师为其提供法律咨询、代理申诉、控告,但涉及国家秘密的案件,聘请律师应经侦查机关批准。所谓涉及国家秘密的案件,是指案情或者案件性质涉及国家秘密的案件,不能因刑事案件侦查过程中的有关材料和处理意见需保守秘密而将其作为涉及国家秘密的案件。对在押的犯罪嫌疑人聘请律师为其申请取保候审的,有权决定的机关应当在7日内作出是否同意的答复。同意取保候审的,依法办理取保候审手续;不同意取保候审的,应当告知申请人,并说明不同意的理由。犯罪嫌疑人聘请的律师要求了解犯罪嫌疑人涉嫌罪名的,侦查人员应当如实介绍涉嫌罪名。要求会见在押犯罪嫌疑人的,侦查机关根据案件情况和需要可以派员在场。涉及国家秘密的案件,律师会见在押的犯罪嫌疑人,应当经侦查机关批准。对于不涉及国家秘密的案件,律师会见犯罪嫌疑人不需要经过批准。侦查机关不能以侦查过程需要保密或者将其作为涉及国家秘密的案件不予批准。律师提出会见犯罪嫌疑人的,应当在48小时内安排会见。对于组织、领导、参加黑社会性质组织罪,组织、领导、参加恐怖活动组织罪或者走私犯罪、毒品犯罪、贪污贿赂犯罪等重大复杂的两人以上的共同犯罪案件,律师提出会见犯罪嫌疑人的,应当在5日内予以安排。

80. 受害人死亡原因不明时怎么办？

村里有人家在办喜酒，秀芬带儿子去参加了喜宴，回家后秀芬的儿子出现了呕吐、发烧的症状，秀芬以为感冒了，随便吃了一些感冒药，可是半个小时以后，秀芬也出现了相同的症状，丈夫赶紧将母子两人送到了医院，医生立即进行抢救，可是儿子还是没有抢救回来。医生说可能是食物中毒。悲痛欲绝的秀芬夫妇不明白：那么多人都吃了同样的饭，怎么就自己娘俩中毒了，别人都好好的。于是，他们到公安机关报了案。公安局的同志说，要查明死因，必须做尸体解剖，可是秀芬的婆婆坚决不同意孙子尸体被解剖。秀芬说服不了婆婆，又不愿意让自己的孩子死得不明不白，她该怎么办？

答：即使秀芬的婆婆不同意进行尸体解剖，公安机关有权决定进行解剖，以便查明死亡的原因。刑事诉讼法规定：当受害人死亡又无法判断出其死亡原因时，可以进行尸体检验。尸体检验，是通过对尸表进行检验或者对尸体进行解剖，确定死亡的原因、时间，判明致死的工具、手段和方法，为侦查破案提供线索和根据的一种侦查活动。需要进行尸体检验时必须遵守以下规定：

(1)有尸体的现场或有死因不明的尸体时，必须进行尸体检验。为了确定死因，经县级以上公安机关负责人批准，可以解剖尸体或者开棺检验。

(2)公安机关有权对死因不明的尸体决定解剖，不一定取得死者家属或监护人的同意，但要通知其到场，并在《解剖尸体通知书》上签名或者盖章。死者家属无正当理由拒不到场或者拒绝签名、盖章的，不影响解剖或开棺检验，但是应当在《解剖尸体通知书》上注明。对于身份不明的尸体，无法通知死者家属的，应当在笔录中注明。

(3)有权解剖的是人民法院、人民检察院、公安机关、医学院附设的法医检验机构以及受其委托的有条件进行法医解剖的医院进行。

(4)进行尸体解剖时应当严格遵守国家的法律和有关规定，尊重群众的风俗习惯，不得任意破坏尸体外貌的完整性。

(5)解剖后，就死因提出尸体解剖检验报告，由法医或医生签名、盖章。

81.搜查过程中应当注意的问题是什么？

村子里几个人赶集回来之后，向村里的其他人讲了他们在公共汽车上的见闻：车子正在行驶的时候，突然停了下来，车上上来了几个全副武装的警察，要求每个人出示身份证，说是要搜查，挨个搜了每个人的行李，还搜了几个人的身上，最后给三个人戴上手铐带走了，车才又开到了镇子上。村里人问什么是搜查？

答：搜查是公安机关和人民检察院为了收集与案件有关的证据或者查找赃款赃物。可以对有关的场所、人身和住宅进行搜查，搜查时应当遵守以下规定：

(1)搜查只能由公安机关或者人民检察院的侦查人员进行，其他任何机关、单位和个人都无权对公民人身和住宅进行搜查。非法搜查他人人身或住宅的行为，是违法的。情节严重构成犯罪的，将依法追究其刑事责任。

(2)进行搜查，必须向被搜查人出示经县级以上侦查机关的主要负责人签发的搜查证。否则，被搜查人有权拒绝搜查。公安机关的搜查证，要由县以上公安机关的负责人签发。人民检察院的搜查证，要由检察长签发。但是，在执行逮捕、拘留的时候，遇有紧急情况，不另用搜查证也可以进行搜查。情况紧急是指：①可能随身携带凶器的；②可能隐藏爆炸、剧毒等危险物品的；③可能隐匿、毁弃、转移犯罪证据的；④可能隐匿其他犯罪嫌疑人的；⑤其他突然发生的紧急情况。

(3)搜查的时候，应当有被搜查人或者他的家属、邻居或者其他见证人在场。

(4)搜查妇女的身体，只能由女工作人员进行。

(5)搜查的情况应当写成笔录，并写明发现何种证据，以及提取和扣押的物证、书证的名称、牌号、数量、特征等，最后由侦查人员和被搜查人或者他的家属、邻居或者其他见证人签名或者盖章。如果被搜查人或者他的家属在逃或者拒绝签名、盖章，应当在笔录上注明拒绝签字盖章的原因和理由。

82. 如果有关机关扣押了与案件有关的物品，要不要向被扣押人出示清单？

秀兰的丈夫赶集回来，抱回来了一台彩色电视机，只花了500元钱，村里人都说他们运气好。一天，来了几个公安局的同志，把电视机抬走了，说电视机是一个盗窃案件中的赃物。秀兰要求公安局的人给一个条子，可是，公安人员说：不把你们一起带走就不错了，还要什么条子？

答：公安机关同志的说法是不准确的，他们的行为属于刑事诉讼法上规定的扣押行为，扣押应当给被扣押人出示扣押清单。在刑事案件的侦查过程中，人民法院、人民检察院和公安机关往往会扣押与案件有关的物品，决定扣押时应当当场开列清单一式两份，写明物品或者文件的名称、编号、规格、数量、质量、特征等，由侦查人员、见证人和持有人签名或者盖章。一份交给持有人，另一份附卷备查。持有人及其家属在逃或者拒绝签名时，不影响扣押的进行，但应当在扣押清单上注明。对于应当扣押又不便提取的物品，应当现场加封，并由专人负责保存。对于扣押的物品、文件、邮件、电报或者冻结的存款、汇款，经查明确实与案件无关的，应当在3日以内解除扣押、冻结，退还原主或者原邮电机关。

83. 在电视上经常看见"通缉"某人，这是怎么回事？

一天村长领着一些公安局的人在村里贴了许多盖着公章的纸，上面还有电话。公安局的人在村民大会上说，发现这个人就要立即给公安局打电话。村里几个读书人说这个纸叫"通缉令"。村民说电视上不也经常有这样的事情吗？

答：通缉是指公安机关或人民检察院通令缉拿应当逮捕而在逃的犯罪嫌疑人归案的一种侦查行为。根据刑事诉讼法及公安部《规定》的有关规定，通缉应当遵守下列程序：

(1)只有县级以上的公安机关有权发布通缉令,其他任何机关、团体、单位、组织和个人都无权发布。人民检察院在办理自侦案件过程中,需要追捕在逃的犯罪嫌疑人时,经检察长批准,有权作出通缉决定,但仍需由公安机关发布通缉令。

(2)各级公安机关发布通缉令时,有范围的限制,在自己管辖的地区以内,可以直接发布通缉令,如果超出自己管辖的地区,应当报请有权决定的上级机关发布。

(3)被通缉的对象仅限于依法应当逮捕而在逃的犯罪嫌疑人,包括依法应当逮捕而在逃的和已被逮捕但在羁押期间逃跑的犯罪嫌疑人。

(4)通缉令中应写明被通缉人的姓名、性别、年龄、民族、籍贯、出生地、户籍所在地、居住地、职业、衣着和体貌特征,并附被通缉人近期照片。除了必须保密的事项以外,应当写明发案的时间、地点和简要案情。

(5)通缉令发出后,如果发现新的重要情况可以补发通报。通报必须注明原通缉令的编号和日期。

(6)有关公安机关接到通缉令以后,应当及时部署,积极查缉。对于通缉在案的犯罪嫌疑人,任何公民都有权将其扭送至公安机关、人民检察院或人民法院处理。

(7)被通缉的人已经缉拿归案、死亡,或者通缉原因已经消失而无通缉必要的,发布通缉令的机关应当在原发布范围内立即发出撤销通缉令的通知。

84.刑事案件的侦查在什么条件下就可以停止了?

为什么有的案件侦查几个月,有的案件侦查几十天?

答:一般来说对一个案件侦查时间的长短决定于案件的难易程度,一般复杂的案件侦查时间会长一些,简单的案件侦查时间短一些。对一个案件的侦查工作不会无期限地进行下去,符合一定的条件就可以停止侦查工作,使案件进入下一个环节,根据刑事诉讼法的规

定,侦查中的案件符合以下条件时就可以停止:

(1)案件事实已经查清。它是侦查终结的首要条件。一般是指对于犯罪嫌疑人的犯罪时间、地点、动机、目的、情节、手段和危害结果,以及有没有遗漏罪行或者其他应当追究刑事责任的同案人等与案件有关的事实和情节已经查清。

(2)证据确实、充分。证据确实、充分是侦查终结的中心环节,它是指证明犯罪事实的每一个证据来源可靠,经核实无误,证据与案件之间联系清楚,证据之间能够相互印证,证明链条环环相扣,足以确认犯罪嫌疑人有罪或者无罪,罪重或者罪轻。

(3)法律手续完备。法律手续完备,同样是侦查终结必不可少的条件。

85.公安机关对侦查终结的案件怎么处理?

村里的军军被公安局抓了,具体因为什么事情谁也不知道,但是村里绝大多数人都希望给军军判上几年刑,不然他又要祸害人了:今天李家的葱苗不见了,明天张家树上的枣子不见了,后天王家的鸡死了一只……这样的事情太多了。可是,一个月后,军军又被放了回来。村民纳闷:公安局怎么能把人抓了又放了?

答:公安局放了军军,可能是因为侦查结束之后发现军军的行为符合法律规定的不应当追究刑事责任的情形,撤销了案件。因为,刑事诉讼法规定公安机关侦查的案件,侦查终结后,对于犯罪事实清楚,证据确实、充分,依法应当追究犯罪嫌疑人刑事责任的案件,应当制作《起诉意见书》,连同案卷材料、证据,一并移送同级人民检察院审查决定。对于犯罪情节轻微,依法不需要判处刑罚或者免除刑罚的案件,公安机关应制作《不起诉意见书》,移送人民检察院。另刑事诉讼法第一百三十条规定:"在侦查过程中,发现不应对犯罪嫌疑人追究刑事责任的,应当撤销案件;犯罪嫌疑人已被逮捕的,应当立即释放,发给释放证明,并且通知原批准逮捕的人民检察院。"其中"不应对犯罪嫌疑人追究刑事责任的",是指查明本案不存在犯罪事实或者犯罪嫌疑人的行为符合刑事诉讼法第十五条的规定。侦查机关经过侦查，发现不应对犯罪嫌疑人追究刑事责任时，也应当及时终结侦查，作出撤销案件的决定，并制作《撤销案件决定书》。犯罪嫌疑人已被逮捕的，应当立即释放，并发给释放证明，同时通知原批准的人民检察院。

刑事诉讼法第一百三十条规定："在侦查过程中，发现不应对犯罪嫌疑人追究刑事责任的，应当撤销案件；犯罪嫌疑人已被逮捕的，应当立即释放，发给释放证明，并且通知原批准逮捕的人民检察院。"实践中，撤销刑事案件，应制作撤销案件决定书，并报有关领导批准后执行。

86. 人民检察院审查的内容有哪些？

看见军军回家了，村民议论纷纷。村里的大张说："不要着急，检察院还要对案件进行审查，审查了还有可能把他给抓了。"大张的话对吗？

答：大张的话不对。人民检察院是有权对案件进行审查，但是审查的案件是公安机关侦查终结认为应当追究犯罪嫌疑人的刑事责任，以《起诉意见书》的方式已送到人民检察院的案件，对军军这样的案件，公安机关自己做出决定就可以了。根据刑事诉讼法的规定，对于公安机关侦查终结移送人民检察院审查起诉的案件，人民检察院要对以下内容进行审查：

（1）犯罪嫌疑人身份状况是否清楚，包括姓名、性别、国籍、出生年月、职业和单位等。

（2）犯罪事实、情节是否清楚，认定犯罪性质和罪名的意见是否正确；有无法定的从重、从轻、减轻或者免除处罚的情节；共同犯罪案件的犯罪嫌疑人在犯罪活动中的责任的认定是否恰当。

（3）证据材料是否随案移送，不宜移送的证据的清单、复印件、照片或者其他证明文件是否随案移送。

（4）证据是否确实、充分。

(5)有无遗漏罪行和其他应当追究刑事责任的人。

(6)是否属于不应当追究刑事责任的情况。即根据刑事诉讼法第十五条的规定,情节显著轻微,危害不大,不认为是犯罪的;犯罪已过追诉时效期限的;经特赦令免除刑罚的;依照刑法告诉才处理的犯罪,没有告诉或者撤回告诉的;犯罪嫌疑人、被告人死亡的;其他法律规定免予追究刑事责任的。

(7)有无附带民事诉讼。

(8)采取的强制措施是否适当。

(9)侦查活动是否合法。

(10)与犯罪有关的财物及其利息是否扣押、冻结并妥善保管,以供核查。

87.警察给犯罪嫌疑人戴上手铐能不能再打开了?

小花因为捅伤了自己的丈夫,向公安机关打了报警电话,公安来人了,给小花戴上了手铐,这时小花的女儿跑了出来,公安就给小花解开了手铐,再没有戴上。村里人看见以后开始议论:"杀人犯的手铐戴上还能打开吗?"

答:要不要给犯罪嫌疑人戴手铐,戴上之后能不能打开,关键要根据当时的情况来看。戴手铐的目的是为了防止犯罪嫌疑人逃跑、自杀、再次犯罪等行为的发生,如果犯罪嫌疑人没有那样的情况就可以不戴手铐,即使戴上也可以打开。《人民警察使用警械武器条例》中赋予了警察的自由裁量权。

88.人民检察院怎样审查起诉?

一个案件公安机关都查了几个月了,为什么检察院还要审查?

答:人民检察院在刑事诉讼中有监督职能,对于公安机关侦查终结的案件,人民检察院基于监督职能进行审查,审查之后做出起诉或者不起诉的决定。人民检察院应当通过以下工作环节予以审查:

(1)对起诉意见书以及全部案卷材料和证据进行全面、认真审查。

(2) 讯问犯罪嫌疑人。人民检察院在审查起诉过程中应当会见犯罪嫌疑人。

(3) 听取被害人的意见。这里听取被害人的意见,既包含被害人对刑事部分的意见,还包含对民事损害赔偿部分的意见。

(4) 听取犯罪嫌疑人、被害人的委托人的意见。即听取犯罪嫌疑人的辩护以及被害人的代理人的意见。

(5) 调查核实其他证据。如根据刑事诉讼法第一百零七条的规定,人民检察院在审查起诉时,对公安机关的勘验进行复查时,可以要求公安机关复验、复查,并且可以派检察人员参加。人民检察院有能力自行勘验、检查的,也可以自行复验、复查。

(6) 补充侦查。根据刑事诉讼法第一百四十条的规定,人民检察院在审查起诉时,如果认为案件事实不清,证据不足,不能作出提起公诉或不起诉的决定,需要对案件作进一步的侦查时,可以决定补充侦查。补充侦查有两种形式:一种是退回公安机关补充侦查,一般适用于主要犯罪事实不清、证据不足,或者有遗漏罪行、遗漏同案犯,或者需要适用技术性较强的专门侦查手段才能查清的案件。人民检察院决定退回公安机关补充侦查的案件,应当写出补充侦查意见书,说明需要补充侦查的问题和要求。另一种是人民检察院自行侦查。主要适用于侦查中有逼供行为的;口供与其他证据矛盾较大的;经公安机关补充侦查后仍未查清的;与公安机关在认定案件事实和证据上有分歧的;退回补充侦查可能延误办案期限的;等等。

89. 人民检察院审查结束之后对案件可以怎样处理?

为什么有的案件中犯罪嫌疑人被公安机关抓获之后,又被检察院放了?有的案件又被检察院送到了法院?

答:人民检察院审查终结之后,根据案件的不同情况作出的处理有两种:一是决定起诉;二是不起诉。决定起诉的案件就移送到人民法院,不起诉的案件就可以释放在押的嫌疑人。

（1）决定起诉是检察院在审查起诉后作出的将案件移送人民法院进行审判的决定。决定起诉在刑事诉讼中具有重要意义，它表明犯罪嫌疑人实施的行为被检察机关确认为犯罪行为并应当受到刑事处罚，它意味着审查起诉活动已经结束，检察院决定行使公诉权，将案件移送到有管辖权的法院审判，诉讼即进入审判阶段。

（2）不起诉是检察机关对刑事案件进行审查后，认为不具备起诉条件或不适宜提起公诉所作出的不将案件移送法院进行审判而终止诉讼的决定。

90. 人民检察院不起诉的种类有哪几种？

王某，男，29岁，原系某通讯公司工人。某日上午，王某在某公路某商场后门段施工，王某将施工剩余的电缆锯断，窃取80米，价值300余元。王某用自行车驮到某废品收购站出售时被抓获。公安机关对此案侦查终结后，以盗窃罪移送人民检察院审查起诉。人民检察院审查认为，王某盗窃公共财物，并即时销赃，已构成盗窃罪，但鉴于情节轻微，根据刑法的有关规定不需要判处刑罚，对王某作出了不起诉的决定。

答：检察院对王某做出的不起诉的决定是正确的，王某的行为属于符合刑事诉讼法规定的酌定不起诉的情况。按照我国刑事诉讼法的规定，不起诉包含三种类型：

（1）酌定不起诉。我国刑事诉讼法第一百四十二条规定："对于犯罪情形轻微，不需要判决刑罚或者免除刑罚的，人民检察院可以作出不起诉决定。"根据这一规定，酌定不起诉的适用条件有两层含义：一是犯罪嫌疑人实施的行为触犯了我国的刑法规定，已经构成犯罪；二是该犯罪行为情节轻微，依照刑法规定不需要判处刑罚或者可以免除刑罚。这里实际包含了两种情形：一种是犯罪情节轻微，不需要判处刑罚的情形；另一种是犯罪情节轻微，既属于不需要判处刑罚的条件，同时也属于免除刑罚条件的下述几种情况：①嫌疑人在中华人民共和国领域外犯罪，依照我国刑法规定应当负刑事责任，但在外国已经受过刑事处罚的;②嫌疑人又聋又哑,或者是盲人犯罪的;③嫌疑人因防卫过当或者紧急避险超过必要限度,并造成不应有危害而犯罪的;④为犯罪准备工具,制造条件的;⑤在犯罪过程中自动中止或自动有效地防止犯罪结果发生的;⑥在共同犯罪中,起次要的或者辅助作用的人员;⑦被胁迫、被诱骗参加犯罪的胁从人员;⑧嫌疑人自首或在自首后有立功表现的,等等。

(2)法定不起诉。法定不起诉是起诉机关对案件没有诉权或者丧失诉权,因此而不提起公诉。凡符合绝对不起诉条件的案件,检察机关都应作出不起诉决定,而无自由裁量的余地。我国法律规定与其他国家关于法定不起诉的条件较为一致。包括:①实施的行为情节显著轻微、危害不大,不认为是犯罪的。②犯罪已过追诉时效期限的。③经特赦令免除刑罚的。④依照刑法规定,属于告诉才处理的犯罪,没有告诉或者撤回告诉的。⑤被告人死亡的。⑥其他法律、法令规定免予刑事处罚的。

(3)存疑不起诉。作出不起诉决定。在这类案件中,认定嫌疑人构成犯罪有一定根据,但证据不充分,不能在法律上证实犯罪。将这类案件起诉到法院,难以达到公诉的目的。根据无罪推定的精神,对这类案件应当不起诉。但可能时,在作出不起诉决定之前应当进行补充侦查。只有确认在法定期限内无证实可能,才能决定不起诉。

91.检察院作出不起诉的程序是怎样的?

老钱是村里的文化人,村里人有什么事情总爱问老钱,老钱也愿意给人们出出主意,帮帮忙。一天,村里有人问老钱:"检察院有权利监督,法律是不是就不管检察院了?检察院想干啥就干啥,想怎么干就怎么干?"这个问题把老钱也给难住了。

答:虽然检察院有监督职能,也不是想干什么就干什么,想怎么干就怎么干。法律对检察院的行为仍然有明确的程序要求。比如,检察院的不起诉行为,法律就有明确的规定。《人民检察院刑事诉讼规则》第二百八十八条规定:"人民检察院对于符合刑事诉讼法第十五条规定的情形之一的案件,经检察长决定应当作出不起诉决定。"这是法规对法定不起诉所作的规定。同时,《人民检察院刑事诉讼规则》第二百八十九条规定了酌定不起诉的程序:"人民检察院对于犯罪情节轻微,依照刑法规定不需要判处刑罚或者免除刑罚的,经检察委员会讨论决定,可以作出不起诉的决定。"这表明,对于符合刑事诉讼法第十五条规定的情形之一的案件和存疑不起诉的案件,由审查起诉部门将案件审查意见书面报请检察长决定,对于酌定不起诉的案件,由审查起诉部门将案件审查意见书面报检察委员会决定。

　　人民检察院作出不起诉决定后,应当制定不起诉决定书,不起诉决定书的主要内容包括:①被起诉人的基本情况,包括姓名、出生年月日、出生地、民族、文化、职业、住址、身份证号码,是否受过刑事处罚,拘留,逮捕的年月日和关押处所等;②案由和案件来源;③案件事实、包括否定或者指控被不起诉构成犯罪的事实以及作为不起诉的决定根据的事实;④不起诉的根据和理由,写明作出不起诉决定适用的法律条款;⑤有关告知事项;在不起诉决定书的结尾部分,应当写明承办检察员的职称、姓名和制定该决定书的年月日,不起诉决定书应当加盖检察院的公章。

92.如果检察院作出了不起诉的决定,行为人就不用承担任何责任了吗?

　　如果检察院对一个人作出了不起诉的决定,这个人就什么事情都没有了吗?

　　答:当然不是。对于人民检察院作出不起诉案件中的行为人,情况不同,最终结果不同,刑事诉讼法规定:人民检察院决定不起诉的案件,可以根据案件的不同情况,对被不起诉人予以训诫或者责令具结悔过、赔礼道歉、赔偿损失,对被不起诉人需要给予行政处罚、行政处分或者需要罚没其违法所得的,人民检察院应当提出检察意见,连同不起诉决定书一并移送有关机关处理。对于人民检察院直接立案侦查的案件决定不起诉后,审查起诉部门应当将不起诉书副本以及案件审查报告报送上一级人民检察院备案。其不起诉的决定,由人民检察院公开宣布,并将公开宣布不起诉决定的活动记入笔录。不起诉决定书应当送达被不起诉人及被不起诉人的所在单位。若被不起诉人被限制人身自由的,应立即宣布释放。有被害人的案件,还应将不起诉决定书送达被害人或者其近亲属及其诉讼代理人。送达时,应当告知被害人或者其近亲属及其诉讼代理人,如果对不起诉不服,可以自收到不起诉决定书之后7日之内向上一级人民检察院申诉,也可以不经申诉,直接向人民法院起诉;告知依照刑事诉讼法第一百四十二条第二款规定被不起诉的人,如果对不起诉不服,可以自收到不起诉决定书之后7日之内向人民检察院申诉。对于公安机关移送起诉的案件,人民检察院决定不起诉的,应当将不起诉书送达公安机关。公安机关认为不起诉决定有错误要求复议的,人民检察院应当在收到要求复议意见书后30日内作出复议,通知公安机关。公安机关对复议仍不服的,可向上一级人民检察院申请复核,上一级人民检察院应当在收到提请复核意见书后的30日内作出决定,制作复核决定书送交提请复核的公安机关和下级人民检察院。经复核改变下级人民检察院不起诉决定的,应当撤销下级人民检察院作出的不起诉决定,交由下级人民检察院执行。

93.如果受害人认为检察院不起诉的决定是错误的怎么办?

李某一家在村里的名声不是很好,因为一家人都有小偷小摸的习惯,一天李某又偷走了同村一户贾姓人家的几麻袋麦子(折合人民币600元),公安机关对此案侦查终结后,以盗窃罪移送人民检察院审查起诉。人民检察院审查认为,王某盗窃公共财物,并即时销赃,已构成盗窃罪,但鉴于情节轻微,根据刑法的有关规定,不需要判处刑罚,对王某作出了不起诉的决定。贾姓人家听到这个决定后认为检察院的决定是错误的,他们该怎么办?

答:他们可以向上一级人民检察院申诉,也可以拿着人民检察院的不起诉决定书直接向人民法院提起诉讼。刑事诉讼法规定,被害人对人民检察院作出的不起诉决定不服的,可以自收到决定书后7日内向作出不起诉决定的人民检察院的上一级人民检察院申诉,上一级人民检察院控告申诉部门应当立案复查。被害人向作出的不起诉决定的人民检察院提出申诉的,作出决定的人民检察院应当将申诉材料连同案卷一起报送上一级人民检察院受理。对于被害人超过法定期限提出申诉的,由作出的不起诉决定的人民检察院控告部门受理,决定是否立案复查。人民检察院应当在3个月之内作出复查决定,案情复杂的,最多不超过6个月,复查决定应当报请检察长决定。受害人对复查决定仍然不服的,可以直接向人民法院提起诉讼。

94.刑事诉讼法对人民法院的审判程序是怎样规定的?

法院审判案件的时候完全由法官说了算吗?法官想怎么审就怎么审吗?

答:当然不是。刑事诉讼法对人民法院审判案件的程序有明确的规定,这种规定就是法庭审判程序。法庭审判程序是指人民法院采取开庭的方式,在公诉人、当事人和其他诉讼参与人的参加下,在控、辩双方对证据、案件事实和适用法律展开辩论的情况下,依法确定被告人是否有罪、应否处刑,给予何种刑事处罚的活动。

法庭审判程序。法庭审判大体分为开庭、法庭调查、法庭辩论、被告人最后陈述、评议和宣判五个阶段。

开庭审理的全部活动,应当由书记员制作成笔录,经审判长审阅后分别由审判长和书记员签名。法庭笔录中的出庭证人的证言部分,应当在庭审后交由证人阅读或者向其宣读,证人确认无误后,应当签名或者盖章。

按照我国诉讼法的规定,案件实行两审终审制,也就是说一个案件经过两级人民法院的审理才能发生法律效力,案件经过一审法院审理之后不立即发生法律效力,要给当事人一个对一审法院判决发表意见的机会,如果过了法律规定的期限,没有人或者机关对一审判决有意见,一审判决才发生法律效力。而二审法院做出的判决立即发生法律效力。如果对于发生法律效力的判决当事人或者当事人的近亲属认为有错误的,可以通过审判监督程序解决。

95.什么是一审程序？一审程序只有一种程序吗？

老蒋一辈子是个能人,能说会道不说,家里的日子过得就是比别人好。可是,就是两个儿子不争气,尤其是老二,不知怎么就吸上了毒品,将老蒋一辈子的积蓄快抽完了,老蒋只好将余下的钱东藏西藏的。一天,村里来了警察,将老二带走了,原来老二偷了邻居的两千块钱,邻居报案了。过了三个月了,村里人听说老蒋儿子案件的第一审程序结束了。老蒋的儿子又上诉了。村里人不明白:难道还有第二、第三审程序？

答:第一审程序是每一个进入审判环节的刑事案件必须经过的程序,有一些案件要经过第二审程序,但是没有第三审程序。这个案件中老蒋的二儿子上诉了,案件就必然进入二审程序。刑事诉讼法规定,我国一审程序,是人民法院根据当事人的起诉、自诉或者检察机关的公诉,依法对该案进行第一次审理所应当适用的程序。一审程序也叫第一审程序、初审程序。我国刑事诉讼法规定的一审程序有三种:自诉案件的一审程序、公诉案件的一审程序、简易程序。

96.自诉案件一审程序有哪些特点？

桂花和满柱是两口子,满柱不让桂花和村里的男人说话,不让桂花穿好看的衣服,天黑不让桂花出门,否则就不让桂花吃饭,两人为此经常打架。一次打完架后,桂花跑到法院把满柱给告了,说满柱虐待自己,还提供了村里姐妹的证言。法官在审查了桂花的证据之后告诉桂花:案件可以受理。满柱听说法院要管这件事情了就有些怕,跪在地上求桂花放过自己,他再也不敢了。桂花心软了,就告诉法官自己不告了。村里人一听开了锅:"法院的门原来是想进就进,想出就出呀!"

答:法院的门当然不是想进就进,想出就出。只是桂花告满柱的

刑事诉讼程序

案件属于法律规定的自诉案件,自诉案件的开始是因为受害人的起诉,诉讼过程中原告和被告还可以和解,法院还可以调解。桂花不告的行为属于法律规定的撤诉行为。自诉案件中原告撤诉的,法院应当允许。刑事诉讼法规定,人民法院对自诉人提起诉讼的案件,必须根据立案的条件进行审查,主要查明有无明确的被告人。有无足够的证据证明被告人犯罪,案件是否属于受诉人民法院管辖,能否交付法庭审判等。审查后根据不同情况分别处理:对于符合立案条件的案件,应当开庭审判;对缺乏罪证的,如自诉人提供不出补充证据,应当说服自诉人撤回自诉,或者裁定驳回。自诉人明知有其他共同侵害人,但只对部分侵害人提起自诉的,人民法院应当受理,并视为自诉人对其他侵害人放弃告诉权利。判决宣告后自诉人又对其他共同侵害人就同一事实提起自诉的,人民法院不再受理。共同被害人中只有部分被害人告诉的,人民法院应当通知其他被害人参加诉讼。被通知人接到通知后表示不参加诉讼或者不出庭的,即视为放弃告诉权利。第一审宣判后,被通知人就同一事实又提起自诉的,人民法院不予受理。但当事人另行提起民事诉讼的,不受限制。

自诉案件的一审程序,与公诉案件基本相同。但由于自诉案件主要是直接侵害公民个人合法权益的轻微刑事案件,刑事诉讼法对这类案件的审判程序作了一些特殊规定:(1)对告诉才处理的案件,被害人起诉的有证据证明的轻微刑事案件,可以适用简易程序,由审判员一人独任审判。(2)对告诉才处理的案件,被害人起诉的有证据证明的轻微刑事案件,人民法院可以进行调解,调解达成协议后应制作调解书,调解书送达双方当事人后即发生法律效力,但对于被害人有证据证明对被告人侵犯自己人身、财产权利的行为应当依法追究刑事责任,而侦查机关或者人民检察院不予追究被告人刑事的案件,不适用调解。(3)自诉案件在审理过程中,宣告判决前,自诉人可以同被告人自行和解,或者撤回自诉,对当事人自行和解的应记录在案,对自诉人申请撤诉的,一般应予准许。但自诉人撤诉后除有正当理由外,不得就同一案件再行起诉。(4)开庭时,自诉人经两次合法传唤,无正当理由拒不到庭的,或者未经法庭许可中途退庭的,应按撤诉处理。(5)自诉案件的被告人在诉讼过程中可以对自诉人提起反诉,反诉适用自诉的规定,提起反诉必须具备下列条件:提起反诉的是本案被告或其法定代理人;反诉提起的时间是在法院对自诉案件宣告判决前;反诉的对象是本案的自诉人,反诉的内容同自诉人起诉的事实有关。反诉案件应当与自诉一并审理,自诉人撤诉的,不影响反诉案件的继续审理,如果对双方当事人都必须判处刑罚,应根据各自应负的罪责分别判处,不能互相抵销刑罚。

97.公诉案件法庭审判包括哪些环节?每个阶段的工作是什么?

检察院起诉的案件和受害人自己提起诉讼的案件,法院审判的过程一样不一样呢?

答:检察院起诉的案件叫公诉案件,受害人自己起诉的案件叫自诉案件,法院审判两种案件的程序是不一样的。刑事诉讼法规定,公诉案件的法庭审判大体分为开庭、法庭调查、法庭辩论、被告人最后陈述、评议和宣判五个阶段。

(1)庭审预备工作,由书记员进行,依次做好下列工作:①查明公诉人、当事人、证人及其他诉讼参与人是否到庭;②宣读法庭规则,并告知诉讼参与人和旁听人员应当遵守的法庭秩序;③请公诉人、辩护人入庭;④请审判长、审判员(含人民陪审员)入庭,并向审判长报告开庭前的准备工作就绪,请审判长开庭审判案件。

书记员完成上述准备工作以后,由审判长宣布法庭审理开始。刑事诉讼法第一百五十四条规定:"开庭的时候,审判长查明当事人是否到庭,宣布案由;宣布合议庭的组成人员、书记员、公诉人、辩护人、诉讼代理人、鉴定人和翻译人员的名单;告知当事人有权对合议庭组成人员、书记员、公诉人、鉴定人和翻译人员申请回避;告知被告人享有辩护权利。"据此,审判长应当首先传被告人到庭,然后进行下列工作:

①查明被告人的有关情况。具体包括:A.姓名、民族、籍贯、出生

地、出生年月日、文化程度、职业、住址或者单位的名称、住所等；B.是否受过法律处分及其种类和时间；C.是否被采取过强制措施及种类、时间；D.收到人民检察院起诉书副本的日期。如果有附带民事诉讼,附带民事诉讼被告人收到民事诉状的时间。

②公布、告知有关事项。具体包括：A.公布案件的来源、起诉的理由、附带民事诉讼原告人和被告人的姓名及是否公开审理。对于不公开审理的案件,当庭公布不公开审理的理由。B.宣布合议庭组成人员、书记员、公诉人、辩护人、鉴定人和翻译人员的名单。C.告知当事人、法定代理人在法庭审理过程中依法享有下列诉讼权利:可以申请合议庭组成人员、书记员、公诉人、鉴定人和翻译人员回避;可以提出证据,申请通知新的证人到庭;被告人可以在法庭辩论终结后作最后陈述。D.分别询问当事人、法定代理人是否申请回避,申请何人回避和申请回避的理由。如果当事人、法定代理人申请回避,对符合法定情形的,应当依照有关规定处理。对于不具有法定应当回避情形的,应当驳回,继续法庭审理。

(2)法庭调查阶段。法庭调查是当庭查明案件事实的重要阶段。根据刑事诉讼法第一百五十五至一百五十九条的规定,法庭调查主要是在审判长的主持下,由控、辩双方进行讯问、发问、举证、质证等活动;必要时,审判人员也可以讯问被告人,询问证人、鉴定人和调查核实证据。具体步骤是：

①公诉人宣读起诉书。法庭调查是由审判长宣布法庭调查开始后由控方控诉开始的。先由公诉人宣读起诉书;有附带民事诉讼的,再由附带民事诉讼的原告人或者他的法定代理人宣读附带民事诉状。

②被告人、被害人陈述。在审判长主持下,被告人、被害人可以就起诉书指控的犯罪事实分别进行陈述。被告人如果承认公诉人的指控,则应当对自己的犯罪行为进行陈述;被告人如果不承认公诉人的指控,则应允许被告人提出自己无罪的意见,同时,被害人也可以针对起诉书中指控的犯罪,陈述自己受害的过程以及有关的诉讼请求。

③调查当事人

A.向被告人发问。在审判长主持下,首先是公诉人向被告人就起诉中指控的犯罪事实讯问被告人;被害人及其诉讼代理人经审判长许可,可以就公诉人发问的情况进行补充性发问;附带民事诉讼的原告人及其法定代理人或者诉讼代理人经审判长准许,可以就附带民事诉讼部分的事实向被告人发问;经审判长准许,被告人的辩护人及法定代理人或者诉讼代理人可以在控诉一方就某一具体问题讯问完毕后,向被告人发问。辩护律师在公诉人询问被害人及其代理律师发问被告人后,经审判长许可,可向被告人发问。被告人不承认指控犯罪的,应问明情况和理由。审判人员认为有必要时,可以向被告人发问。B.向被害人、附带民事诉讼的原告人发问。控辩双方经审判长许可,可以向被害人、附带民事诉讼原告人发问。审判人员认为有必要时,也可对其发问;C.向当事人发问时的注意事项:a.公诉人讯问被告人、询问被害人时,应围绕下列事实进行:被告人的身份;指控的犯罪事实是否存在,是否为被告人所实施;实施犯罪行为的时间、地点、方法、手段、结果,被告人犯罪后的表现等;犯罪集团或者其他共同犯罪案件中参与犯罪人员的各自地位和应负的责任;被告人有无责任能力,有无故意或者过失,行为的动机、目的;有无依法不应追究刑事责任的情况,有无法定的从重或者从轻、减轻以及免除刑罚的情节;犯罪对象、作案工具的主要特点,与犯罪有关的财物的来源、数量以及去向;被告人全部或者部分否认起诉书指控的犯罪事实的,否认的根据和理由能否成立;与定罪量刑有关的其他事实。b.对于共同犯罪案件中的被告人,应当分别进行讯问。合议庭认为必要时,可以传唤共同被告人同时到庭对质。c.审判长对于控辩双方讯问、发问被告人、被害人和附带民事诉讼原告人、被告人的内容与本案无关或者讯问、发问的方式不当的,应当制止。对于控辩双方认为对方讯问或者发问的内容与本案无关或者讯问、发问的方式不当并提出异议的,审判长应当判明情况予以支持或者驳回。d.公诉人向被告人提出威逼性、诱导性或与本案无关问题的,辩护律师有权提出反对意见。法庭驳回反对意见的,应当尊重法庭决定。公诉人对律师的发问提出反对意见的,律师可进行争辩。法庭支持公诉人反对意见的,律师应尊重法庭的决定,改变发问内容或方式。

④调查出庭的证人、鉴定人、勘验、检察笔录制作人或者未出庭的书面证言、鉴定结论、勘验、检查笔录。

A.对指控的每一起案件事实,经审判长准许,公诉人可提请审判长传唤证人、鉴定人和勘验、检查笔录制作人出庭作证,或者出示证据,宣读未到庭的被害人、证人、鉴定人和勘验、检查笔录制作人的书面陈述、证言、鉴定结论及勘验、检查笔录;被害人及其诉讼代理人和附带民事诉讼的原告人及其诉讼代理人经审判长准许,也可以分别提请传唤尚未出庭作证的证人、鉴定人和勘验、检查笔录制作人出庭作证,或者出示公诉人未出示的证据,宣读未宣读的书面证人证言、鉴定结论及勘验、检查笔录。

B.被告人、辩护人、法定代理人经审判长准许,可以在起诉一方举证、提供证据后,分别提请传唤证人、鉴定人出庭作证,或者出示证据、宣读未到庭的证人的书面证言、鉴定人的鉴定结论。审判人员认为有必要时,可以询问证人、鉴定人。

C.控辩双方要求证人出庭作证,向法庭展示物证、书证、视听资料等证据,应当向审判长说明准备证明的事实,审判长同意的,即传唤证人或者准许出示证据;审判长认为与案件无关或者明显重复、不必要的证据,可以不予准许。

D.证人应当出庭作证。符合下列情形,经人民法院准许的,证人可以不出庭作证:未成年人、庭审期间身患严重疾病或者行动极为不便的、其证言对案件的审判不起直接决定作用的、有其他原因的。证人到庭后,审判人员应当先核实证人的身份、与当事人以及本案的关系,告知证人应当如实地提供证言和有意作伪证或者隐匿罪证要负的法律责任。证人作证前,应当在如实作证的保证书上签名。

E.质证。向证人发问,应当先由提请传唤的一方进行;发问完毕后,对方经审判长准许,也可以发问。询问证人应当遵循以下规则:a.

发问的内容应当与案件的事实相关;b.不得以诱导方式提问;c.不得威胁证人;d.不得损害证人的人格尊严。前款规定也适用于对被告人、被害人、附带民事诉讼原告人和被告人、鉴定人的讯问、发问或者询问。

F.鉴定人应当出庭宣读鉴定结论,但经人民法院准许不出庭的除外。鉴定人到庭后,审判人员应当先核实鉴定人的身份、与当事人及本案的关系,告知鉴定人应当如实地提供鉴定意见和有意作虚假鉴定要负的法律责任。鉴定人说明鉴定结论前,应当在如实说明鉴定结论的保证书上签名。向鉴定人发问,应当先由要求传唤的一方进行;发问完毕后,对方经审判长准许,也可以发问。

G.向证人和鉴定人发问应当分别进行。证人、鉴定人经控辩双方发问或者审判人员询问后,审判长应当让其退庭。证人、鉴定人不得旁听对本案的审理。

H.审判长对于向证人、鉴定人发问的内容与本案无关或者发问的方式不当的,应当制止。对于控辩双方认为对方发问的内容与本案无关或者发问的方式不当并提出异议的,审判长应当判明情况予以支持或者驳回。

I.当庭出示的证据、宣读的证人证言、鉴定结论和勘验、检查笔录等,在出示、宣读后,应即将原件移交法庭。对于确实无法当庭移交的,应当要求出示、宣读证据的一方在休庭后3日内移交。对于公诉人在法庭上宣读、播放未到庭证人的证言的,如果该证人提供过不同的证言,法庭应当要求公诉人将该证人的全部证言在休庭后3日内移交。人民法院审查上述证据材料,发现与庭审调查认定的案件事实有重大出入,可能影响正确裁判的,应当决定恢复法庭调查。

J.公诉人对于搜查、勘验、检查等侦查活动中形成的笔录存在争议,需要负责侦查的人员以及搜查、勘验、检查等活动的见证人出庭陈述有关情况的,可以建议合议庭通知其出庭。

⑤调查物证、书证、视听资料等。

A.当庭出示的物证、书证、视听资料等证据,应当先由出示证据的一方就所出示的证据的来源、特征等作必要的说明,然后由另一方进行辨认,发表意见。控辩双方可以互相质问、辩论。

B.公诉人向法庭出示物证,应当对该物证所要证明的内容、获取情况作概括的说明,并向当事人、证人等问明物证的主要特征,让其辨认。宣读书证应当对书证所要证明的内容、获取情况作概括的说明,向当事人、证人问明书证的主要特征,并让其辨认。对该书证进行技术鉴定的,应当宣读鉴定书。

C.对控诉方出示的物证,辩护律师应注意从以下方面质证:a.物证的真伪;b.物证与本案的联系;c.物证与其他证据的联系;d.物证要证明的问题;e.取得物证的程序是否合法。

D.在控诉方举证完毕后,辩护律师应向法庭申请对本方证据进行举证。辩护律师举证时,应向法庭说明证据的形式、内容、来源以及所要证明的问题,并特别注意以下方面:a.物证、书证、视听资料来源的合法性;b.证人证言、被告人陈述、鉴定结论取得的程序的合法性;c.证据内容的真实性;d.证据与案件以及证据之间的联系。对本方的举证,控诉方提出异议的,辩护律师应当有针对性地进行辩论,维护本方证据的可信性。

⑥双方举证、质证后,法庭调查、核实证据。

A.在法庭调查过程中,合议庭对于证据有疑问的,可以宣布休庭,对该证据进行调查核实。人民法院调查核实证据时,可以进行勘验、检查、扣押、鉴定和查询、冻结。必要时,可以通知检察人员、辩护人到场。

B.在法庭审理过程中,合议庭对证据有疑问或人民法院根据辩护人、被告人的申请,向人民检察院调取在侦查、审查起诉中收集的有关被告人无罪或者罪轻的证据材料时,人民检察院应当自收到人民法院要求调取证据材料决定书后3日内移交。如果没有此材料,应当向人民法院说明情况。法庭审理过程中,合议庭对证据有疑问并在休庭后进行勘验、检查、扣押、鉴定和查询、冻结的,人民检察院应当依法进行监督,发现上述活动有违法情况的应当提出纠正意见。

C.人民法院根据律师申请收集、调取的证据或者合议庭休庭后自行调查取得的证据,必须经过庭审辨认、质证才能决定是否作为判决的依据。未经庭审辨认、质证直接采纳为判决依据的,人民检察院应当提出纠正意见;作出判决的,应当依法提出抗诉。

⑦对开庭前获得的新证据新情况的调查。

A.法庭审理过程中,当事人和辩护人、诉讼代理人有权申请通知新的证人到庭,调取新的物证,申请重新鉴定或勘验,法庭对上述申请应当作出是否同意的决定。

B.公诉人要求出示开庭前送交人民法院的证据目录以外的证据,辩护方提出异议的,审判长如认为该证据确有出示的必要,可以准许出示。如果辩护方提出对新的证据要做必要准备时,可以宣布休庭,并根据具体情况确定辩护方做必要准备的时间。确定的时间期满后,应当继续开庭审理。

C.当事人和辩护人申请通知新的证人到庭,调取新的证据,申请重新鉴定或者勘验的,应当提供证人的姓名、证据的存放地点,说明所要证明的案件事实,要求重新鉴定或者勘验的理由。审判人员根据具体情况,认为可能影响案件事实认定的,应当同意该申请,并宣布延期审理;不同意的,应当告知理由并继续审理。依照前述规定延期审理的时间不得超过1个月,延期审理的时间不计入审限。

⑧补充侦查。在庭审过程中,公诉人发现案件需要补充侦查,提出延期审理建议的,合议庭应当同意。但是建议延期审理的次数不得超过两次。法庭宣布延期审理后,人民检察院在补充侦查的期限内没有提请人民法院恢复法庭审理的,人民法院应决定按人民检察院撤诉处理。合议庭在案件审理过程中,发现被告人可能有自首、立功等法定量刑情节,而起诉和移送的证据材料中没有这方面的证据材料的,应当建议人民检察院补充侦查。

(3)法庭辩论。法庭辩论是继法庭调查后,控辩双方在审判长主持下,就调查过的有关证据材料、案情事实以及被告人的定罪量刑等问题,集中发表各自主张、意见的一个庭审阶段。因双方观点的对立、焦点的争议，往往使法庭辩论成为法庭审判的高潮和精彩片断。事实上，在法庭调查阶段，控辩双方已经就正在调查的有关证据问题进行了辩论，因此广义的法庭辩论，还包括穿插于法庭调查过程中控辩双方间的言词辩论。法庭辩论是诉讼中辩论原则以及被告人行使辩护权的重要体现。被告人可以自行辩论，也可以委托律师辩论，具体程序如下：

①在法庭审理中，经审判长许可，公诉人可以逐一对正在调查的证据和案件情况发表意见，并同被告人、辩护人进行辩论。证据调查结束时，公诉人应当发表总结性意见。法庭辩论中，公诉人与被害人、诉讼代理人意见不一致的，公诉人应当认真听取被害人、诉讼代理人的意见，阐明自己的意见和理由。合议庭认为本案事实已经调查清楚，应当由审判长宣布法庭调查结束，开始就全案事实、证据、适用法律等问题进行法庭辩论。

②法庭辩论应在审判长的主持下，按照下列顺序进行：
A.公诉人发言；B.被害人及其诉讼代理人发言；C.被告人自行辩护；D.辩护人辩护；E.控辩双方进行辩论。

附带民事诉讼部分的辩论应当在刑事诉讼部分的辩论结束后进行，先由附带民事诉讼原告人及其诉讼代理人发言，然后由被告人及其诉讼代理人答辩。

③在法庭辩论过程中，审判长对于控辩双方与案件无关、重复或者互相指责的发言应当制止。在法庭辩论过程中，如果合议庭发现新的事实，认为有必要进行调查时，审判长可以宣布暂停辩论，恢复法庭调查，待该事实查清后继续法庭辩论。

④对于辩护人依照有关规定当庭拒绝继续为被告人进行辩护的，合议庭应当准许。如果被告人要求另行委托辩护人，合议庭应当宣布延期审理，由被告人另行委托辩护人或者由人民法院为其另行指定辩护律师。

⑤控诉方发表控诉意见后，经审判长许可，辩护律师发表辩护意见。

（4）被告人最后陈述。审判长宣布法庭辩论终结后,被告人有最后陈述的权利,这是被告人一项重要的诉讼权利。合议庭应当保证被告人充分行使最后陈述的权利。如果被告人在最后陈述中多次重复自己的意见,审判长可以制止;如果陈述内容是蔑视法庭、公诉人,损害他人及社会公共利益或者与本案无关的,应当制止;在公开审理的案件中,被告人最后陈述的内容涉及国家秘密或者个人隐私的,也应当制止。

被告人在最后陈述中提出了新的事实、证据,合议庭认为可能影响正确裁判的,应当恢复法庭调查;如果被告人提出新的辩解理由,合议庭认为确有必要的,可以恢复法庭辩论。

（5）评议和宣判。审判长在被告人最后陈述后,应当宣布休庭,合议庭进行评议。

宣判,即宣告判决,指人民法院将判决的内容公开宣布告知的诉讼活动。分为当庭宣判和定期宣判两种形式。

当庭宣判,就是法庭审理完毕,合议庭利用休庭后的短暂时间,退庭进行评议并做出判决后,立即复庭,由审判长口头宣告判决主文或主要内容的活动。当庭宣告判决的,应当在5日以内将判决书送达当事人及其法定代理人、诉讼代理人、提起公诉的人民检察院、被告人的辩护人、近亲属等;定期宣判,是指人民法院经过法庭审理后另行确定日期宣告判决的诉讼活动。定期宣判的,应当在宣判后立即将判决书送达上述人员和机关。

开庭审理的全部活动,应当由书记员制作成笔录,经审判长审阅后分别由审判长和书记员签名。法庭笔录中的出庭证人的证言部分,应当在庭审后交由证人阅读或者向其宣读,证人确认无误后,应当签名或者盖章。

98.法院开庭之后就一定能够将案件审理结束吗?

法院在开庭审理案件,村里有人去旁听。听完后人们问:"怎么判的?"听了案件的人说:"案件没有听完,审到一半的时候就停了下来。"人们不明白了:案子审着还能停下来?

答:法院在审理案件的过程中,一般会将整个案件审理结束,但是,在法庭审理过程中会出现一些情况,这些情况可能使案件不能顺利审理结束。所以,刑事诉讼法规定法庭审判过程中如有下列情形之一影响审判进行的,可以延期审理:(1)需要通知新的证人到庭,调取新的物证,重新鉴定或勘检的;(2)检察人员发现提起公诉的案件需要补充侦查,提出建议的;(3)当事人申请回避而不能进行审判的。延期审理原因消失后,合议庭应再行开庭审理。

99. 人民法院审判一审案件一般多长时间结束?

前面说法律对公安机关、人民检察院办理案件有时间上的要求,对法院有没有时间上的要求?

答:刑事诉讼法对整个刑事诉讼过程中的每一个环节都有时间上的要求。关于第一审程序的期限,刑事诉讼法规定:人民法院审理公诉案件,自受理后一个月内宣判,至迟不得超过一个半月。遇有刑事诉讼法第一百二十六条规定的情形之一,经省、自治区、直辖市高级人民法院批准或者决定,可以再延长一个月。如遇人民法院改变管辖的案件,应从改变后的人民法院收到案件之日起计算审理期限。人民检察院建议退回补充侦查的案件,补充侦查完毕移送人民法院后,人民法院可重新计算审理期限。因当事人和辩护人申请通知新的证人到庭、调取新的证据而延期审理的时间不得超过一个月,延期审理的时间不计入审理期限。

100. 开庭之前法院应当做好哪些工作?

张家的三儿子因为抢劫,被公安机关抓走了,最后,案件到了人民检察院,检察院又说案件到了人民法院。村里人说案件到了法院就要审理了,可是3天过去了,家里人还等不来结果,有些着急,到法院一问,法院的同志说还在准备阶段,让他们等着,张家人不明白:法庭是现成的,法官是现成的还准备什么?

答:人民检察院将案件起诉到人民法院之后,法院首先要进行一下形式上的审查,审查后决定开庭审判的案件,为了保证法庭审判工作的顺利进行,根据刑事诉讼法第一百五十一条的规定和审判工作的实际需要,须做以下各项准备工作:

(1)确定合议庭的组成人员。根据刑事诉讼法第一百四十七条的规定,人民法院适用普通程序审判第一审案件,应当组成合议庭进行。因此,决定开庭审判后,应首先确定合议庭组成人员。根据刑事诉讼法的规定,基层人民法院、中级人民法院审判第一审刑事案件的合议庭,应当由审判员3人或者由审判员和人民陪审员共3人组成;高级人民法院、最高人民法院审判第一审案件的合议庭,应当由审判员3至7人或者由审判员和人民陪审员共3人到7人组成,合议庭的成员人数应当是单数。合议庭设审判长1人。审判长是活动的具体组织者和指挥者,由院长或者庭长指定审判员1人担任。人民陪审员不是专职审判员,不能担任审判长。院长或者庭长参加审判案件的时候,由他们自己担任审判长。合议庭审判刑事案件,在审判长主持下进行,除在审判活动中的分工不同外,合议庭全体成员包括人民陪审员、审判长,在合议庭中都具有同等的地位,合议庭成员根据少数服从多数的原则决定案件的事实认定和法律适用。

(2)将起诉书副本送达被告人,并保障其辩护权的行使。人民法院应将人民检察院的起诉书副本最迟在开庭10日前送达被告人,使被告人及早了解自己的被控罪名和有关情况,作好充分行使辩护权的准备;人民法院应当告知被告人聘请辩护人;对于被告人未委托辩护人的,必要时应当指定承担法律援助义务的律师为其提供辩护。

(3)将开庭的时间、地点在开庭3日以前通知人民检察院。根据刑事诉讼法第一百五十三条的规定,人民法院审判公诉案件,除适用简易程序的案件外,人民检察院都应当派员出席法庭支持公诉,因此,将开庭的时间、地点在开庭3日以前通知人民检察院,有利于检察员做好出庭支持公诉的准备。

(4)传唤当事人,通知辩护人、诉讼代理人、证人、鉴定人和翻译

刑事诉讼程序

人员。传票和通知书最迟在开庭3日前送达。根据我国刑事诉讼规定,当事人及其他诉讼参与人应当出席法庭,参加法庭审理。

(5)公开审判的案件,在开庭3日以前公布案由、被告人姓名、开庭时间和地点。

上述各项准备工作,都是依法进行的诉讼活动,每一项活动直接涉及诉讼能否顺利进行,关系到法庭审判的质量,甚至影响到判决的效力。因此,人民法院应当制作笔录,由审判长和书记员签名,附卷保存。

101.被告人在法庭上有哪些权利?

一天,有人问村里学法律的大学生小刚,说自己有一个亲戚犯了罪,法院在审理的时候没有打开手铐,他们想以此上诉,问可以不可以?

答:法律对被告人在法庭上享有的权利做了明确的规定,但是,法律对被告人的手铐在法庭上是否可以打开,没有明确的规定。如果法院的判决事实清楚、证据确实、适用法律适当、程序合法,就没有上诉的必要。法律规定被告人在法庭上可以申请合议庭组成人员、书记员、公诉人、鉴定人和翻译人员回避;可以提出证据,申请通知新的证人到庭;被告人可以在法庭辩论终结后作最后陈述。

102.如果开庭时被告人是未成年人怎么办?

满囤(男,17岁)因为抢劫,法院准备开庭审理,可是,按照法律的规定满囤是未成年人,法院查阅了法律关于未成年人案件审理的规定,发现法律对未成年人案件的规定很多,也很明确。依照法律的规定,法院告诉满囤有权请律师,满囤说自己没有钱,请不了律师。法院就给满囤指定了一个律师。

答:法院的做法是完全正确的,为了维护未成年人的合法权益,法律规定:如果开庭时被告人是未成年人而又没有委托辩护人的,人民法院应当为其指定辩护人。同时在对未成年人案件审理时,有几方面需要注意：

（1）审判组织的专业化。针对未成年人案件的特点，未成年人案件的审判组织应专门化的道路。在设立未成年人刑事法院尚不具备条件的情况下，我国司法实践中采取了设立少年审判庭的做法是比较好的选择。对审判组织而言，也应采取专业化的方法，应挑选素质高，了解未成年人特点的人员以合议庭的形式进行审判。对合议庭的组成，一般应有女审判员或陪审员参加，以有利于审判的顺利进行。

（2）法庭审理中要注意审判的技术和方法。审判人员要恰当运用审判语言，以调节气氛，缓和未成年人紧张情绪，保证诉讼的顺利进行。

（3）在未成年案件审判中，要切实保证未成年人依法享有的诉讼权利。如不公开审理、法定代理人到庭、获得指定辩护人帮助等权利。

（4）对未成年人的审判，要坚持直接审理原则。无论是一审还是二审，都不能以书面审理代替直接开庭审理。直接审理，有利于贯彻教育、感化和挽救的方针。

同时，依照我国刑事诉讼法的规定，未成年或聋哑被告人除享有同其他公民一样的诉讼权利外，还享有一些特殊的诉讼权利。这些特殊的诉讼权利规定是：

（1）未成年被告人在接受讯问和审判时，可以提出要求，让他的法定代理人到场。

（2）未成年被告人受到开庭审判时，享受不公开审理的权利。

（3）未成年被告人没有委托辩护人的，有权要求人民法院为其指定辩护人。人民法院有义务保障他们获得辩护，而不管他们是否提出为他们指定辩护人的要求。

103.简易程序是怎么回事？

一天小姚到县城办事，正好法院在开庭审理一个案件，小姚就想去旁听。结果一个案件法官审理了不到30分钟，也没有见到检察院的人。小姚很失望：法院审判案件怎么比我家种一茬麦子还简单？

答:法院审判这个案件适用的是简易程序,刑事诉讼法规定对于案件事实清楚、证据确实充分的案件,法院可以决定或者检察院建议适用简易程序。刑事诉讼法对哪些案件可以适用简易程序作出了具体规定:

(1)对依法可能判处3年以下有期徒刑、拘役、管制、单处罚金的公诉案件,事实清楚,证据充分,人民检察院建议或者同意适用简易程序的。这类适用简易程序的案件必须同时具备三个条件:

①依法可能判处3年以下有期徒刑、拘役、管制、单处罚金的案件。这类案件被告人的罪行及社会危害性都较轻。人民法院在审理前,要根据人民检察院提供的证据材料,依据有关法律,对被告人的罪行及可能判处的刑罚作出判断。在审理过程中,如果发现被告人罪行较重,需要判处3年以上有期徒刑的,法庭应终止简易程序,按普通程序审理。

②必须是案情清楚,证据确实、充分的案件。

③人民检察院提出适用简易程序的建议或者是人民法院认为需要适用简易程序并征得人民检察院同意。

(2)告诉才处理的案件,人民法院可以适用简易程序。告诉才处理的案件是指刑法中规定的由被害人或者其法定代理人直接向人民法院控告被告人的案件,包括侮辱、诽谤罪、暴力干涉他人婚姻自由罪和虐待罪等。

(3)被害人起诉的有证据证明的轻微刑事案件。这类案件是犯罪行为及其社会危害性都不严重的轻微刑事案件,并且被害人有足够的能证明案件真实情况的证据,不需要人民法院进行大量的调查取证工作,适用简易程序可以在保证办案质量、正确运用法律的基础上,及时、迅速地审结案件,解决纠纷,缓解社会矛盾,更好地保护公民的合法权益。

104.简易程序简单在哪些地方?

小姚知道了法律的规定,他还想知道:法院适用简易程序是一种简单的办法,那么它简单在什么地方呢?

答:简易程序是相对于普通程序而言的,它省略了普通程序的某些诉讼环节,是对普通程序的简化。这种程序的简化主要体现在以下方面:

(1)适用简易程序的案件,可以由审判员一人独任审判。人民法院审理第一审案件适用普通程序的,应当由审判员、陪审员三人以上组成合议庭。由于法律对适用简易程序的案件范围作了限定,因而适用简易程序的案件都是事实清楚,证据比较充分,危害也不严重的轻微刑事案件,不需要花费大量的人力、物力、财力和时间就可以保证质量的审结,以使人民法院可以集中精力去办理重大复杂的疑难刑事案件。

(2)适用简易程序审理的公诉案件,人民检察院可以不派员出席法庭。这一规定也是由适用简易程序的案件的特点决定的。对于适用普通程序的公诉案件,法律规定人民检察院应当派员出席法庭支持公诉。由于适用简易程序的案件一般是事实比较清楚,证据充分,相对来说,社会危害性也较轻的一些刑事案件,对这类案件如果人民检察院根据案件的具体情况,认为不派员出庭支持公诉,不会妨碍指控犯罪,证明犯罪,惩罚犯罪的,可以不派员出庭。当然,如果人民检察院认为适用简易程序的案件也需要派员出庭支持公诉的,也可以派员出庭。对于适用简易程序的自诉人直接起诉到法院的自诉案件,人民检察院当然不需要派员出庭。

(3)简易程序的庭审阶段简化。适用普通程序审理刑事案件,必须严格按照法律规定的庭审的阶段顺序进行,以保障各方当事人和公诉机关的权利。而适用简易程序的案件由于其自身特点,庭审可以省略一些环节,以迅速、准确地审结案件。适用简易程序审理公诉案件,被告人可以就起诉书中指控的犯罪进行陈述和辩护;被告人及其辩护人可以同公诉人互相辩论。适用简易程序审理自诉案件,宣读起诉书后,被告人及其辩护人可以同自诉人及其诉讼代理人互相辩论,不受普通程序中关于讯问被告人,询问证人,鉴定人,出示证据,法庭

刑事诉讼程序

辩论程序规定的限制。但在判决宣告前应当听取被告人的最后陈述意见。

(4)适用简易程序审理案件,人民法院应当在受理后20日以内审结。适用简易程序审理案件的一个主要目的,是在保证办案质量的基础上节省办案时间,以更科学、合理地使用审判力量。因此,法律规定适用简易程序审理案件必须在20日以内审结,这一期限大大短于普通程序审理案件的期限。

适用简易程序是以保证办案质量、正确适用法律为前提的,其目的是根据案件具体情况,合理使用审判力量,提高办案效率。如果人民法院在适用简易程序审理案件过程中,发现不适宜适用简易程序的,应当改为适用普通程序重新审理案件。

105.如果被告人认为一审法院的判决有错误时怎么办?

20天过去了,张家的人终于等来了开庭通知,法庭审判结束了,法官宣布给张家的三儿子判处有期徒刑12年,一听判决老三就大喊大叫:"为什么判这么重?你们搞错了吧?"法官制止了他的行为,然后告诉他:"如果你认为我们的判决有错误,可以上诉。"张家人想了解怎样上诉。

答:张家的人可以通过原审法院或者直接向上一级人民法院提出上诉。刑事诉讼法规定,被告人、自诉人和他们的法定代理人,不服地方各级人民法院第一审的判决、裁定,有权用书状或者口头向上一级人民法院上诉。被告人的辩护人和近亲属,经被告人同意,可以提出上诉。附带民事诉讼的当事人和他们的法定代理人,可以对地方各级人民法院第一审的判决、裁定中的附带民事诉讼部分,提出上诉。对被告人的上诉权,不得以任何借口加以剥夺。

根据刑事诉讼法的有关规定,上诉可以采用书面的方式,也可以是口头的。书面上诉的,应提交上诉状;用口头提出上诉的,人民法院应制成笔录,以固定或转呈其上诉意愿。在审判实践中,对于被告人在一审判决、裁定宣告或送达后,口头表示冤屈,而未明确表示上诉的,审判人员应当向其解释上诉权的意思和上诉程序。经解释被告人表示上诉的,应当按上诉处理;经解释仍不明确表示上诉的,则不能按上诉处理。另外,口头申请上诉必须由上诉主体当面、直接向第一审法院的有关人员提出。如果其采取电话、转托他人捎口信等间接的、无法有效认证身份的方式提出上诉,不能视为符合法定口头方式的要求。只能视为诉讼主体有上诉的意向,但是否真实有效,则需进一步核实,并办理相应的手续,记录诉讼主体的口头申请,并由其签名或盖章。

根据刑事诉讼法第一百八十四条规定,上诉人上诉可以通过原审人民法院或者第二审法院两个途径提出。如果是通过原审人民法院提出上诉的,原审人民法院应当在3日以内将上诉状连同案卷、证据移送上一级人民法院,同时将上诉状副本送交同级人民检察院和对方当事人。如果上诉直接通过第二审人民法院提出上诉的,第二审人民法院应当在3日以内将上诉状交原审人民法院,原审人民法院将上诉状副本送交同级人民检察院和对方当事人,并将全部案卷、证据报送上一级人民法院。

不服判决的上诉期限为10日,不服裁定的上诉期限为5日,从接到判决书、裁定书的第二日起算。

106.如果被害人认为一审法院的判决有错误时怎么办?

张家的三儿子上诉了,案件的受害人听到他上诉之后,很是生气,心里想:你认为法院给你判决的重了,我还认为法院给你判决的太轻了。因此,受害人也想上诉,找人写好了上诉状拿到了法院,可是法院的人告诉受害人应当找检察院。受害人想知道,自己到底该怎么做。

答:受害人确实不能提出上诉,如果受害人认为判决是错误的,只能请求人民检察院抗诉。

刑事诉讼法规定,被害人及其法定代理人不服地方各级人民法院第一审判决的,自收到判决书后5日以内,有权请求人民检察院提出抗诉。所以,刑事案件的被害人及其近亲属认为一审人民法院的判决有错误时,可以请求提起诉讼的人民检察院抗诉。公诉案件的被害人虽然具有当事人的诉讼地位,但现行刑事诉讼法并未赋予其上诉权,但为了保护被害人的利益,刑事诉讼法规定了被害人有请求抗诉的权利。被害人及其法定代理人如果不服地方各级人民法院第一审判决的,自收到判决书后的5日以内,有权请求人民检察院提出抗诉。人民检察院自收到被害人及其法定代理人的请求后5日以内,应当做出是否抗诉的决定,并且答复请求人。被害人请求抗诉的行为并不必然引起抗诉的效果,是否抗诉仍需由人民检察院审查决定。

107. 二审法院可以作出哪些处理?

虽然张家的三儿子上诉了,可是他心里还是忐忑不安,不知道上一级法院会给自己作出什么样的判决。

答:根据刑事诉讼法的规定,第二审人民法院对不服一审判决裁定的上诉、抗诉案件,进行审理后,应当分别情况作出如下处理:

(1)用裁定驳回上诉、抗诉,维持原判。原判决认定事实和适用法律正确、量刑适当的,应当裁定驳回上诉或者抗诉,维持原判。

(2)用判决直接改判。改判有两种情形:

①原判决认定事实没有错误,但适用法律有错误,或者量刑不当的,应当改判;

②原判决事实不清楚或者证据不足,第二审法院能够自行查证的,可以在查清事实后改判。

(3)用裁定撤销原判,发回原审人民法院重新审判。撤销原判,发回重审的情形有两种:

①原判决事实不清楚或者证据不足的,可以撤销原判,发回原审人民法院重新审判。

②第一审人民法院违反法律规定的诉讼程序的,应当撤销原判,发回原审人民法院重新审判。具体包括:违反本法有关公开审判的规定的;违反回避制度的;剥夺或者限制了当事人的法定诉讼权利,可

能影响公正审判的;审判组织的组成不合法的;其他违反法律规定的诉讼程序,可能影响公正审判的。

108. 只有被告人上诉的案件,二审法院能不能判处比原刑重的刑罚?

虽然张家的三儿子上诉了,可是他心里还是忐忑不安,不知道上一级法院会给自己作出什么样的判决。尤其是知道了二审法院可能重新判决的时候,就有些后悔,他怕二审法院给自己判得比一审判决还重,他不知道二审法院会不会判得比一审还重。

答:如果人民检察院没有抗诉,只有张家三儿子一人提出了上诉,二审法院就不能判处比一审法院还重的刑罚,因为在二审程序中有上诉不加刑原则的限制。

上诉不加刑原则,是指第二审人民法院审判只有被告人一方上诉的案件,不得以任何理由加重被告人刑罚的审判原则。这项原则只适用于被告人或其法定代理人,或经被告人同意的辩护人、近亲属上诉的案件。如果是自诉人上诉或者人民检察院抗诉的案件,则不受这一原则的限制。即使是被告人上诉的情况下,自诉人或者人民检察院同时提出上诉或者抗诉的,这一原则也不发生效力。

第二审人民法院在审理只有被告人或其法定代理人、辩护人、近亲属上诉的案件时,如果需要改判的,只能适用较原判决轻的刑罚,不得加重或者变相加重被告人的刑罚。具体表现为:

(1)共同犯罪的案件,只有部分被告人提出上诉的,第二审人民法院既不能加重提出上诉的被告人的刑罚,也不能加重其他同案被告人的刑罚。即使是人民检察院提出抗诉的案件,如果抗诉仅仅是针对部分被告人的判决的,第二审人民法院也不得对其他原审被告人加重刑罚。

(2)被告人一方上诉的案件,第二审法院认为原判事实清楚、证据充分,只是认定罪名不当的,可以重新确定罪名,但不能因此而加重被告人的刑罚。如果因罪名的改变需要改判刑罚的,改判的刑罚不得重于原判的刑罚。

（3）对被告人实行数罪并罚的，在被告人一方上诉的情况下，不能加重决定执行的刑罚。即使是不改变实际执行刑罚的前提下，加重数罪中某罪的刑罚，也属加重刑罚的范畴。

（4）第一审判决宣告缓刑，被告人上诉的案件，第二审人民法院不得撤销原判决宣告的缓刑或者延长缓刑考验期。

（5）原判事实清楚、证据确实充分，但判处刑罚偏轻，或者应当适用附加刑而没有适用的案件，如果被告人一方上诉的，第二审人民法院不得撤销第一审判决，直接加重被告人的刑罚或者适用附加刑，也不得以事实不清或证据不足发回第一审人民法院重新审理。对于量刑确实畸轻，必须依法改判的，应当在第二审判决、裁定生效后，按照审判监督程序重新审判。

人民检察院提出抗诉的案件或者自诉人上诉的案件，可以不受上述限制。

109. 如果一个案件有两个以上被告人，只有一个被告人上诉了怎么办？

某共同犯罪案件，共有3名被告人，一审宣判以后，在法定的上诉期内，两名被告人提出了上诉，另一名被告人没有提出上诉。于是二审人民法院对已经上诉的被告人按第二审程序进行了审理，对没有上诉的被告人则交付执行。法院的做法对吗？

答：法院的做法是错误的，因为在刑事案件中，共同犯罪的案件中只有一个被告人上诉了，等同于全部案件都进入了二审程序。整个案件都要进入二审程序，只有二审法院做出判决之后案件的判决才能发生法律效力，才能将被告人交付执行机关执行。

110. 对二审法院发回重审的案件被告人还可以上诉吗？

王五因为伤害罪，一审法院判了10年有期徒刑，王五认为太重就提出了上诉，二审法院发回重审，判了王五9年，王五还是认为太重,那么王五还能上诉吗?

答:可以。刑事诉讼法第一百九十二条规定:"原审人民法院对于发回重新审判的案件,应当另行组成合议庭,依照第一审程序进行审判。对于重新审判后的判决,依照本法第一百八十条、第一百八十一条、第一百八十二条的规定可以上诉、抗诉。"按照刑事诉讼法的规定,二审法院发回重审的案件按照一审程序进行,对于重新审判案件的被告人、自诉人和他们的法定代理人可以上诉。

111.一个判决在什么情况下发生法律效力?

老李的二儿子因为盗窃,被法院判了3年有期徒刑,他很是着急,四处向人打听:"孩子已经被关了6个月了,什么时候可以放回来?"

答:发生法律效力的判决和裁定是执行的依据,根据刑事诉讼法第二百零八条及《刑事诉讼法解释》的有关规定,人民法院发生法律效力的刑事判决和裁定是指以下几种:

(1)已过法定期限(10天)没有上诉、抗诉的一审判决和裁定;

(2)终审的判决和裁定;

(3)高级人民法院核准的死刑缓期2年执行的判决和根据最高人民法院的授权核准的部分死刑判决;

(4)最高人民法院核准的死刑和法定刑以下处刑的判决和裁定,以及最高人民法院核准的因特殊情况不受执行刑期限制的假释的裁定。

对先行羁押的,羁押1日折抵1日。

老李的二儿子属于先行羁押的情况,应当从被拘留之日开始计算刑期,刑期满了之后就可以释放回家。

112.对已经发生法律效力的案件,如果当事人还认为是错误的怎么办?

老张的孩子在1年前被法院判处犯有强奸罪,现在在监狱。老伴为此哭瞎了眼睛,儿媳妇也回了娘家,老张一直认为儿子的案子是错的,可是他又不知道该怎么办,前天儿子带出话来,说自己是冤枉的,老张就更着急了。

答:如果老张和他的儿子认为判决有错误,可以提出申诉。因为刑事诉讼法规定对已经发生法律效力的刑事判决、裁定提出申诉,申诉人应是原审当事人、法定代理人、近亲属。

申诉可以在判决生效之后提出,最迟应在被告人刑罚执行完毕后两年内向人民法院提出。但具有下列情形之一的,刑事案件申诉人超过两年提出申诉,人民法院应当受理:(1)可能对原审被告人宣告无罪的;(2)原审被告人在刑罚执行完毕后两年内向人民法院提出申诉,人民法院未受理的。

113.申诉应向哪一级人民法院提出?申诉有无次数限制?

老张知道自己可以申诉,但是他不知道该向谁提出,如果自己提出了法院不予理会怎么办?

答:老张的申诉,应向作出生效裁判的人民法院提出。关于次数的规定法律有以下规定:

(1)申诉人就同一刑事案件向同一人民法院一般只能申诉一次。

(2)对经两级人民法院依照审判监督程序复查均驳回的刑事案件,当事人再次提出申诉的,如果没有新的充分理由,人民法院不予受理。

(3)对经作出生效裁判法院的上一级人民法院依照审判监督程序审理后维持原判的刑事案件,当事人再次提出申诉的,人民法院不予受理。

(4)对最高人民法院再审裁判或者复查驳回的刑事案件,申诉人仍不服又提出申诉的,人民法院不予受理。

所以,老张申诉时一定要准备充分的证据。

114. 当事人提出申诉再审程序就可以开始吗?

老张准备好了材料,请人写好了申诉状,法院收了材料之后说让他等着。老伴天天问他:法院会怎么样? 老张自己也不知道。

答:申诉人向人民法院提出申诉的,人民法院接到申诉后,应当登记并认真审查处理。人民法院经审查,对不符合刑事诉讼法第二百零三条规定的申诉,按来信、来访处理。受理、审查申诉一般由作出发生法律效力的判决、裁定的人民法院进行。直接向上级人民法院申诉的,如果没有经作出发生法律效力的判决、裁定的人民法院审查处理,上级人民法院可以交该人民法院审查,并告知申诉人;如果属于案情疑难、复杂、重大的,或者已经由作出发生法律效力的判决、裁定的人民法院审查处理后仍坚持申诉的,上级人民法院可以直接受理、审查,下级人民法院也可以请求移送上一级人民法院审查处理。原审人民法院审查处理的申诉、上级人民法院直接处理的申诉和转交下级人民法院审查处理的申诉,应当立申诉卷。

第二审人民法院对不服本院维持第一审人民法院判决的申诉,可以交由第一审人民法院审查。第一审人民法院审查后,应当写出审查报告,提出处理意见,报第二审人民法院审定。

当事人及其法定代理人、近亲属,对已经发生法律效力的判决、裁定,认为有错误向人民检察院申诉的,人民检察院应当受理,并依法审查,并将审查结果告知申诉人。

人民法院受理申诉后,应当在3个月内作出决定,最迟不得超过6个月。

115. 如果法院决定对生效的案件重新审判,重新审判的程序是怎样的?

甲、乙、丙、丁4个人因为抢劫被判刑了,一审法院判决之后4个人都没有提出上诉,过了上诉期就被执行了。可是,有一天听说又要重新审判了,这是怎么回事?

答:可能是法院自己或者人民检察院发现这个已经发生法律效

刑事诉讼程序

力的案件有错误,要依照审判监督程序重新审判了。根据我国刑事诉讼法,依照审判监督程序重新审判的程序,应当根据原来的审级和进行重新审理的法院来确定:如果原来是第一审案件,应当依照第一审程序进行,所作的判决、裁定,可以上诉、抗诉;如果原来是第二审案件,或者是上级人民法院提审的案件,应当依照第二审程序进行,所作的判决、裁定,是终审的判决、裁定。

无论采取何种审级的审判程序,刑事诉讼法规定了重新审判均应遵循如下程序:

(1)人民法院决定按照审判监督程序重新审判的案件,除人民检察院提起抗诉的外,应当制作再审决定书。对于人民检察院按照审判监督程序向同级人民法院提出抗诉的案件,接受抗诉的人民法院因原判决事实不清或者证据不足而指令下级人民法院再审的,应将指令再审的决定书抄送抗诉的人民检察院。

(2)再审期间不停止原判决、裁定的执行,但死刑立即执行者除外。

(3)人民法院依照审判监督程序重新审判案件时,必须另行组成合议庭进行。

(4)人民法院按照审判监督程序审理的案件,无论是否是人民检察院提出抗诉的,人民检察院都必须派员出席法庭,支持抗诉或发表意见,并对人民法院的审判活动进行监督。

(5)人民法院审判重新审理的案件,应当对原判决、裁定认定的事实、证据和适用法律进行全面审查,即不受提起审判监督程序理由的限制,对事实是否正确、证据是否确实充分、适用法律是否正确、诉讼进程是否合法、处刑是否恰当等方面进行全面审查。

(6)按照审判监督程序进行再审的刑事自诉案件,应当依法作出判决、裁定,附带民事部分可以调解结案。

(7)人民法院按照审判监督程序重新审判的案件,应当在作出提审、再审决定之日起3个月内审结,需要延长期限的,不得超过6个月。接受抗诉的人民法院按照审判监督程序审理抗诉案件,审理期限和人民法院按照审判监督程序重新审判的案件的审理期限相同;对需要指令下级人民法院再审的,应当自接受抗诉之日起1个月以内作出决定,下级人民法院审理这类案件的期限适用上述规定。

另外,根据刑事诉讼法的精神,重新审判还应注意如下方式:

(1)依照审判监督程序重新审判时,一般应当公开审判。刑事诉讼法总则规定,人民法院审判案件,除法律另有规定以外,一律公开进行,采用直接审理的方式。而1988年最高人民法院和最高人民检察院在《关于公开审理再审案件的通知》中,要求各级人民法院对中华人民共和国刑法、刑事诉讼法实施以来判决的案件,按照审判监督程序重新审判时,凡条件具备的,均应依法公开审理;条件尚不具备的,要积极创造。虽然刑事诉讼法已在1996年修改,但对审判监督部分并没有大的改变,对旧刑事诉讼法的司法解释,其精神仍然有指导意义。

(2)由于一般实行公开审判,而且人民检察院必须派员到庭,所以一般也应采取直接审理方式,即采用开庭审理的方法,由审判人员直接调查核实案件事实和证据,传唤当事人,通知证人、鉴定人、公诉人、辩护人到庭,进行审判。这样能保证最大限度地查明案件事实,充分听取控诉、辩护双方的意见,保护公民的诉讼权利,加强人民检察院对重新审理案件的审判活动的监督,因而有利于纠正原判决、裁定中的错误,使案件得到正确处理。另外,由于重新审判的案件自身的特点,人民法院审判重新审判的案件时除了采取直接审理方式外,还可采取书面审理和调查讯问相结合的方式。但由于不利于了解案情和不便于监督,这种审理方式限于使用在事实清楚、证据确实充分,只是定性、量刑不当的案件上,对于原判决、裁定的错误是由于事实不清、证据不足或是由于原审法院严重违反诉讼程序造成的案件,人民法院均应积极创造条件开庭审理。直接审理方式应该成为审判监督程序中最主要、最基本的审理方式。

116. 对于当事人提出申诉的案件,人民法院是否应当停止执行?

老张认为自己的材料准备的非常充分,法官看了之后应当首先把自己的儿子放回家,他们再慢慢地审案子,可是10天过去了,儿子还是没有回家。

答:法院不能在老张提出申诉后就放老张的儿子回家。因为刑事诉讼法规定申诉人对已经发生法律效力的刑事判决、裁定,向人民法院提出申诉,不停止生效刑事判决、裁定的执行。

所以,老张的儿子要回家,除非法院按照审判监督程序作出了明确的老张儿子无罪的新判决。

117. 被告人判处死刑了可以直接执行吗?

老赵的儿子因为杀人罪被判处了死刑。宣判那天,老赵去了,见了儿子最后一面,老伴还让老赵给儿子带了新衣服。可是,后来法官告诉老赵,儿子的案子还要进行复核程序。老赵听了心底又有了一点希望:法官主动说要复核,说不定是案子有问题。

答:法官说的复核是指死刑复核程序,是每一个判处死刑的案件必须要经历的程序,是我们国家谨慎对待死刑的体现。

死刑是剥夺犯罪分子生命的刑罚,是刑罚中最严厉的刑种。故而法院在判决犯罪分子死刑时是非常慎重的,刑事诉讼法中对判处被告人死刑的案件在普通程序之外规定了一个特别的审核程序,即死刑复核程序。死刑复核程序是指最高人民法院或者高级人民法院对判处死刑(包括死刑缓期执行)的案件进行审查核准的一种特别程序。死刑复核程序审理的对象是按照其他审判程序审结的判处被告人死刑立即执行或者死刑缓期执行的案件。设立死刑复核程序的目的在于贯彻限制和慎用死刑的基本思想。死刑复核程序的任务,是有复核或者核准权的人民法院,对下级人民法院报请复核的判决或裁定,在认定事实和适用法律上是否正确进行全面审查,依法作出是否核准死刑的决定。

118.法院对死刑案件怎样复核?

老赵知道了法官说的"复核"的含义之后又开始担心了,他不知道法院会怎样复核,复核之后又会怎么样?

答:根据刑事诉讼法、《六部委规定》和《刑事诉讼法解释》的有关规定,对于应当报请最高人民法院核准死刑的案件,分别不同的情形加以处理:

(1)中级人民法院判处死刑的第一审案件,被告人不上诉、人民检察院不抗诉的,在上诉、抗诉期满后3日内报请高级人民法院复核。高级人民法院同意判处死刑的,应当依法作出裁定后,报请最高人民法院核准;不同意判处死刑的,应当提审或者发回中级人民法院重新审理。

(2)中级人民法院判处死刑的第一审案件,被告人提出上诉或者人民检察院提出抗诉,高级人民法院终审裁定维持死刑判决的,报请最高人民法院核准。

(3)高级人民法院判处死刑的第一审案件,被告人不上诉、人民检察院不抗诉的,在上诉、抗诉期满后3日内报请最高人民法院核准。

(4)依法应当由最高人民法院核准的死刑案件,判处死刑缓期2年执行的罪犯,在死刑缓期执行期间,如果故意犯罪,查证属实,应当执行死刑的,由高级人民法院报请最高人民法院核准。

(5)被告人被判处死刑的数罪中,如果有应当由最高人民法院核准的,或者共同犯罪案件部分被告人被判处死刑的犯罪中有应当由最高人民法院核准的,必须将全案报请最高人民法院核准。

最高人民法院、高级人民法院复核死刑案件,复核后分别不同的情况作出不同处理:

(1)原判决认定事实和适用法律正确、量刑适当。由最高人民法院或高级人民法院用裁定核准死刑,并由最高人民法院或高级人民法院院长签发执行死刑命令。

高级人民法院核准死刑后,应在裁定书的最后结论部分写明:根据最高人民法院授权高级人民法院核准部分死刑案件的规定,本院核准××中级人民法院对××犯×××判处死刑并剥夺政治权利终身的判决。

(2)原判决认定事实没有错误,但适用法律有错误或量刑不当。由最高人民法院或高级人民法院直接改判。

(3)原判决事实不清,证据不足的或严重违反诉讼程序可能影响正确判决。由最高人民法院或高级人民法院用裁定撤销原判,发回原审人民法院重新审判。原来是一审的按照一审程序进行,原来是二审的按照二审程序进行。

(4)高级人民法院对中级人民法院报送的应由最高人民法院核准的死刑案件进行复核。复核后,根据刑事诉讼法第二百条的规定,高级人民法院不同意判处死刑的,可以提审或发回重新审判。

(5)共同犯罪案件中,部分被告人被判处死刑的,最高人民法院或者高级人民法院复核时,应当对全案进行审查,但不影响对其他被告人已经发生法律效力的判决、裁定的执行;发现对其他被告人已经发生法律效力的判决、裁定确有错误时,可以指令原审人民法院再审。

119.死刑立即执行的复核和死刑缓期执行的复核是否一样?

老赵知道了死刑复核的有关规定后,心里有了底。某日赶集的时候,碰到了小学同学大李,两个人说起孩子的事情,一番叹息,原来大李的儿子在城里打工的时候不知道犯了什么事,被判处了死刑缓期执行,也在复核。大李不知道复核是怎么回事,老赵就把自己刚刚学到的知识告诉了大李,还说大李儿子的案件也要到北京去,到最高人民法院去。大李听完以后想:法官说到省城就可以了,老赵怎么说要到北京,这是怎么回事呢?

答:老赵和大李的儿子虽然都被判处了死刑,但是,两个死刑是不一样,老赵的儿子是死刑立即执行,而大李的儿子是缓期执行。死刑缓期执行的案件由高级人民法院核准,不需要报最高人民法院。高

级人民法院复核以后,按照不同情形,分别作出以下处理:

(1)原审判决认定事实清楚,证据确实、充分,适用法律正确,量刑适当的,裁定予以核准死缓判决。

(2)原审判决认定事实不清,证据不足的,应当裁定发回原审人民法院重新审判。

(3)原审判决认定事实正确,但适用法律有错误,或者量刑过重的,应当依法改判。

(4)发现第一审人民法院违反法律规定的诉讼程序,可能影响正确判决的,应当裁定撤销原判,发回原审人民法院重新审判。

(5)根据《六部委规定》第四十七条之规定,高级人民法院核准死刑缓期2年执行的案件,应当作出核准或者不核准的决定,不能加重被告人的刑罚。《刑事诉讼法解释》第二百七十八条规定,高级人民法院核准死刑缓期2年执行的案件,不得以提高审级等方式加重被告人的刑罚。

120. 死刑执行的方式有哪些?

老赵的儿子最终被最高人民法院核准了死刑,可是会被怎样执行死刑成了村里人们议论的焦点,有人说会被电击;有人说会被五马分尸;有人说只会被枪决。听见村民的议论,老赵一家天天以泪洗面,他也不知道能不能再见儿子一面。那么法律到底是怎么规定的?

答:村民的说法都是不合适的。现行刑事诉讼法规定死刑采用枪决或者注射等方法执行。采用注射方法执行死刑的,应当在指定的刑场或者羁押场所内执行。采用枪决、注射以外的其他方法执行死刑的,应当事先报请最高人民法院批准。

死刑执行命令,均由高级人民法院交付原审人民法院执行,原审人民法院接到执行死刑命令后,应当在7日内执行。死刑可以在刑场或者指定的羁押场所内执行。

死刑执行前家属要求会见罪犯或者罪犯要求会见家属提出申请的,应当准许。

121. 哪些机关可以执行刑事判决？

在城里打工的小贺，因为销赃罪被判处 2 年有期徒刑，缓刑 3 年。判决后小贺回到了村里，村里人议论纷纷，都说小贺判了刑还不进监狱，肯定是走关系了。

答：村民的猜测是错误的，因为根据刑事诉讼法的规定，小贺的缓刑应当由小贺户口所在地的公安机关负责执行。按照刑事诉讼法的规定，生效的判决和裁定因内容不同，执行的机关也不相同。根据刑事诉讼法规定，执行的机关有：

（1）人民法院。人民法院负责无罪、免除刑罚、罚金和没收财产及死刑立即执行判决的执行。

（2）监狱。监狱负责有期徒刑、无期徒刑、死刑缓期 2 年执行判决的执行；未成年犯管教所负责对未成年犯判决的执行。

（3）公安机关。公安机关负责有期徒刑、拘役缓刑、管制、剥夺政治权利、假释等判决、裁定和暂予监外执行决定的执行。担负一定执行任务的看守所、拘役所均属于公安机关。

122. 同样判处有期徒刑，为什么有的人在看守所，有的人被送进了监狱？

甲和乙两个人因为盗窃，甲被法院判处有期徒刑 3 年，乙被判处有期徒刑 1 年。判决发生法律效力之后甲被送进了监狱，而乙继续留在了看守所。这是为什么？

答：有期徒刑的判决一般由监狱执行，但是刑事诉讼法规定有期徒刑的判决剩余刑期不满 1 年的可以在看守所执行。乙本身被判处有期徒刑 1 年，减去先期羁押的时间，剩余刑期不满 1 年，所以可以在看守所执行。

123. 法院的判决在执行过程中可以变化吗？

王老太的孙子因为故意伤害罪被判处 12 年有期徒刑，王老太已经 80 岁了，身体一天不如一天，她最大的心愿就是活着看见孙子回家。听人说,孙子不一定必须在监狱呆12年,也有可能提前回家。王老太听了高兴了,天天等着孙子提前回家。王老太的心愿能实现吗?

答:有可能实现。能不能实现关键看王老太孙子在服刑期间的表现。

刑事诉讼法对各种判决都规定了执行过程中的变更。比如死刑立即执行的案件,法院在收到死刑执行令以后,发现有下列情形之一的,应当停止:

(1)在执行前发现判决可能有错误的。

(2)在执行前罪犯揭发重大犯罪事实或者有其他重大立功表现,可能需要改判的。

(3)罪犯正在怀孕的。

被判处死刑缓期2年执行的罪犯,在死刑缓期执行期间,如果没有故意犯罪,死刑缓期执行期满,应当予以减刑,由执行机关提出书面意见,报请高级人民法院裁定;如果故意犯罪,查证属实,应当执行死刑。因此死缓的执行必然分为减刑或执行死刑两种。

法律还规定了监外执行、假释等制度。

124.什么是监外执行?哪些人可以监外执行?

王老太没有等来自己的孙子,可是听说邻村的一个孩子提前回家了,王老太坚持要求自己到人家家里去问问自己孙子的情况。到人家家里一问才知道,原来自己的孙子和人家不在一起。人家是因为得了肺癌,才回家的。王老太希望自己的孙子早点回家,可是不希望自己的孙子患癌症。但是她知道了监外执行几个字,她天天催着儿子到监狱给孙子办监外执行。王老太的孙子能办理监外执行吗?

答:不能,因为王老太的孙子没有法律规定的可以监外执行的事由。监外执行是对被判处有期徒刑或者拘役的罪犯,在某些法定情形出现时暂不将其放在监内执行,而暂时交由公安机关监管执行的一种特殊行刑方法,是对监禁行刑方法的变更。

监外执行必须具备两个条件:

(1)罪犯被判处的刑罚是有期徒刑或者拘役。死刑犯和被判处无期徒刑的罪犯,由于罪行严重,人身危险性较大,故不适用监外执行方法,而其他非监禁的刑罚,就不存在对罪犯监外执行的问题。

(2)有法定情形。这些情形是适用监外执行的法定原因,刑事诉讼法及《刑事诉讼法解释》对监外执行的条件作了明确规定。在具备上述第一个条件的情况下,只要有下列情形之一,均可考虑适用监外执行:

①有严重疾病需要保外就医的。

②怀孕或者正在哺乳自己婴儿的妇女。

③生活不能自理,适用暂予监外执行不致危害社会的。

暂予监外执行由罪犯所在地公安机关执行,执行机关应当对其严格管理监督,基层组织或罪犯原所在单位协助监督。暂予监外执行的情形消失后,罪犯刑期未满的,应当及时收监;罪犯暂予监外执行期间死亡的,应当及时通知监狱;刑期届满的,不再收监,由原关押监狱或其他刑罚执行机关办理释放手续。

125.什么人可以被减刑?

王老太的孙子没有被监外执行,可是突然回家了,听说也再不用回监狱了。原来,监狱的工作人员把王老太的心愿告诉给了她的孙子,自小和奶奶很亲近的孙子很是内疚,认识到了自己行为的错误,在狱警的教育下,认真遵守监规,积极参加劳动,还参加了法律专业的自学考试,获得了大学专科文凭,为监狱的服刑人员开展义务法律咨询,最终被减刑了。

答:减刑是指被判处管制、拘役、有期徒刑、无期徒刑的罪犯,在执行期间,如果认真遵守监规,接受教育改造,确有悔改表现的,或者有立功表现的,可以依法对其减轻原判的刑罚。

减刑的幅度一般不超过原刑期的二分之一。无期徒刑减为有期徒刑后的刑期,从裁定减刑之日起计算,已经执行的刑期,不计入减刑之后的刑期之内;有期徒刑、拘役、管制减刑后的刑期,原判刑期已执行的部分,应计入裁定减刑后的刑期。附加剥夺政治权利的期限改为3年以上10年以下;有期徒刑、拘役、管制减刑时,可以酌减剥夺政治权利的期限。另外,对于被判处拘役或者3年以下有期徒刑宣告缓刑的犯罪分子,如果在缓刑考验期内确有悔改立功表现,可以对原判刑罚予以减刑,同时相应地缩减其缓刑考验期。

对于经过一次或几次减刑后实际执行的刑期,判处有期徒刑、拘役、管制的不能少于原判刑期的二分之一;判处无期徒刑的不能少于10年,判处拘役缓刑的考验期不能少于1个月;判处有期徒刑缓刑的考验期不能少于1年。

126.减刑的程序是什么?

听说王老太的孙子提前回家了,而且取得了法律专业的大学文凭,村子里的人有问题都喜欢到王老太家咨询。一天,正在某法律院校上大学一年级的同村青年小贾前来问了王老太孙子一个问题:你被减刑了,法律规定的减刑程序是怎样的?

答:王老太的孙子回答:"我也不清楚,是监狱他们看我表现好,给我报的。"小贾回家查阅了刑事诉讼法,发现减刑的程序法律是这样规定的:

(1)对于犯罪分子的减刑,由执行机关向中级以上人民法院提出减刑建议书。这里含义有几层意思:一是对于符合条件的犯罪分子的减刑,必须提出减刑建议书。二是提出减刑建议书的机关是执行机关。"执行机关"是指依法执行拘役、管制的公安机关和依法执行有期徒刑、无期徒刑的监狱。减刑建议书是执行机关制作的,建议人民法院予以减刑的正式书面文件,也是人民法院作出减刑裁定的依据。三是减刑建议书向执行机关所在地的中级以上人民法院提出,不是向原审人民法院提出,也不能向基层人民法院提出。

(2)人民法院组成合议庭对减刑案件进行审理。人民法院在收到执行机关的减刑建议书后,不能简单作出决定,要依法组成合议庭进行审理。这里的"审理"一般是书面审理,审理的内容主要是执行机关

刑事诉讼程序

提出减刑建议的程序是否合法,手续是否完备,犯罪分子是否符合减刑条件等。

(3)人民法院作出裁定。经过审理,合议庭认为执行机关提出减刑建议的程序合法,犯罪分子确有悔改或者立功表现,符合减刑法定条件的,应当裁定减刑;认为不符合法定减刑条件的,应当裁定不予减刑。对于裁定减刑的,应当制作裁定书,并送达提出减刑建议书的执行机关。

(4)非经法定程序不得减刑。主要是指减刑必须经过有关人民法院审理并作出裁定,执行机关无权直接决定减刑;有关人民法院受理减刑案件必须是依据执行机关的减刑建议书,不能在执行机关未提出减刑建议书的情况下,受理减刑案件,更不能直接作出减刑裁定。

127.什么是假释?

小贾听完王老太孙子的解释后又问:对一个已经被判刑的人提前回家的办法只有减刑一种吗?

答:不是减刑这一种,还有一种是假释。虽然假释和减刑都可以提前回家,但是两者的结果是不一样的。因为减刑回家的只要没有犯新罪的,再不用回监狱了,可是假释的人还有可能再次被收回监狱。根据刑法第八十一条的规定,假释是指被判处有期徒刑的罪犯,原判刑期执行了一半以上,被判处无期徒刑的罪犯,实际刑期执行10年以上,并且认真遵守监规,接受教育改造,确有悔改表现,不致再危害社会的,可以附条件地将其提前释放。但是对累犯以及因杀人、爆炸、抢劫、强奸、绑架等暴力性犯罪被判处10年以上有期徒刑、无期徒刑的罪犯,不得假释。

128.被假释的人应当遵守的规定有哪些?有没有人监管?

小六子因为犯罪被判刑后又被假释,假释后他认为没有什么事情了,就离开自己的村子到广州去打工,公安机关四处找他。村子里的人不明白:小六子不是被放了吗,公安机关还找他干什么?

答：由于假释是一种附条件的释放，所以被宣告假释的犯罪分子，应当遵守下列规定：

(1)遵守法律、行政法规，服从监督。

(2)按照监督机关的规定报告自己的活动情况。

(3)遵守监督机关关于会客的规定。

(4)离开所居住的市、县或者迁居，应当报经监督机关批准。

由于被假释的人的监督机关是公安机关，所以是公安机关在找小六子。公安机关予以监督，如果没有发生撤销事由的，假释考验期满，就认为原判刑罚已经执行完毕，并公开予以宣告。

129.假释在什么情况下被撤销？

小六子在广州打工期间又犯了盗窃罪。在调查中发现，小六子是一个正在执行假释的人，于是撤销了假释，实行了数罪并罚，给小六子判处了更重的刑罚，现在小六子在监狱服刑。小六子不明白：我离开监狱的这一年怎么就不算了呢？

答：被假释的犯罪分子，在假释考验期限内如果有下列情形的应当撤销假释：(1)犯新罪；(2)被发现"漏罪"；(3)有违法行为；(4)有违反假释规则行为的，应当撤销假释。对因为犯新罪被撤销假释的，按刑罚执行期间犯"新罪"的方式数罪并罚。对因为被发现"漏罪"而撤销假释的，按照刑罚执行期间发现漏罪的方式数罪并罚。因为有违法或违规行为被撤销假释的，收监执行未执行完毕的刑罚。

小六子属于假释期间又犯新罪的，所以应当撤销假释。将剩余刑期与新犯罪的刑期数罪并罚。

130.罪犯服刑期间发现新罪和漏罪怎么办？

上庄的甲因为放火罪，在2007年12月被判处有期徒刑8年，在服刑到第3年的时候发现甲还在2007年3月犯有盗窃罪，甲的妻子很是着急，不知道该怎么办？

答：甲的行为属于在服刑期间发现漏罪的，还有一种是在服刑期间又犯新罪的。刑事诉讼法第二百二十一条第二款规定:"罪犯在服刑期间又犯新罪的,或者发现了判决的时候所没有发现的罪行,由执行机关移送人民检察院处理。"对服刑罪犯发现有漏罪和又犯新罪的,应分别情况处理。

在刑罚执行期间,如果发现了罪犯在判决宣告以前所犯的尚未判决的漏罪,或者罪犯实施了脱逃、组织越狱、故意伤害等新罪,由监狱等有管辖权的机关进行侦查。侦查终结后,写出起诉意见书,连同案卷材料、证据一并移送人民检察院进行审查,决定是否提起公诉。如果认为需要追究刑事责任的,应按管辖分工的不同,向有管辖权的基层人民法院或中级人民法院起诉。人民法院应依法进行审判,将罪犯的新罪和漏罪所判处的刑罚与原判决尚未执行完毕的刑期,按数罪并罚的原则,决定应当执行的刑罚。

对罪犯脱逃后又犯新罪,应分别情况处理。如果新罪是在被捕以后发现的,应按前述管辖和处理程序进行追究;如果罪犯所犯罪行是在犯罪地发现的,即由犯罪地的公安机关、人民检察院、人民法院依照管辖范围和法定程序进行处理。判决后,原则上仍送回原所在监狱执行。

所以,甲最终会被数罪并罚。假设甲的盗窃罪被判处 4 年有期徒刑,甲可能执行的刑罚是:8-3=5,5+4=9,法院最终在 5 年以上 9 年以下决定对甲执行的刑期。

131. 如果一个人被错误地羁押了怎么办?

村里死了人,公安机关将小贾抓走了,说人是小贾杀的。村里人怎么也想不通:连一只鸡都不敢杀的小贾怎么会杀人?果然,过了四十几天小贾被放了回来,说公安搞错了。小贾很想知道自己那四十几天就白白被关了吗?

答:小贾当然不会白白被关,小贾可以申请获得国家的刑事赔偿。如果一个人被错误地羁押了,可以要求刑事赔偿。刑事损害赔偿,又称冤狱赔偿,是指公安司法机关及其办案人员,在刑事诉讼中错拘、错捕、错判而使公民的合法权益受到损害,由国家给予其经济赔偿的制度,刑事赔偿是司法赔偿的一种。

(1)刑事赔偿只能由行使侦查、检察、审判、监狱管理职权的机关及其工作人员行使职权的行为所引起。

(2)只有违法行使职权的行为才能引起刑事赔偿。

(3)必须有损害事实,并且违法行使职权的行为与损害事实的发生具有因果联系。

132.刑事赔偿的范围是什么?

听说小贾在申请刑事赔偿,村里人在质疑:国家会给个人认错?国家会给个人赔钱?事实上小贾最终获得了国家赔偿。

答:小贾属于被错误地羁押,当然可以获得国家赔偿。根据国家赔偿法、刑事诉讼法的规定,刑事司法赔偿的范围包含人身权的刑事赔偿和侵犯财产权的刑事赔偿:

(1)人身权的刑事赔偿

我国国家赔偿法第十五条规定,行使侦查、检察、审判、监狱管理职权的机关及其工作人员在行使职权时有下列侵犯人身权情形之一的,受害人有取得赔偿的权利:

对没有犯罪事实或者没有事实证明有重大犯罪嫌疑的人错误拘留的。

对没有犯罪事实的人错误逮捕的。

依照审判监督程序再审改判无罪,原判刑罚已经执行的。

刑讯逼供或者以殴打等暴力行为或者唆使他人以殴打等暴力行为造成公民身体伤害或者死亡的。

违法使用武器、警械造成公民身体伤害或者死亡的。根据本条规定,我国刑事赔偿范围中侵犯人身权的赔偿限于侵犯公民人身自由权和生命健康权。

①错误拘留。

根据国家赔偿法第十五条第一项的规定,可以请求国家赔偿的错误拘留不仅包括对没有犯罪事实的人采取的拘留措施，而且包括对没有事实证明有重大犯罪嫌疑人实行的拘留。

②错误逮捕。

错误逮捕的表现形式多种多样，包括不应当逮捕而逮捕、违反法定程序逮捕等等；国家赔偿法上的逮捕是指没有犯罪事实而实施的逮捕，两者之间存在着一定的差距。司法机关实施逮捕时符合法定条件和程序，但事后证明被逮捕人无罪的，仍然构成错误逮捕，国家应当承担赔偿责任。认定错捕的机关是人民检察院和人民法院，如果人民检察院因被捕的人无罪决定撤销案件的，或者作出不起诉决定的，人民法院在一审、二审程序中所作的终审判决宣告被告无罪的，对被告的逮捕应定为错捕。

③无罪错判。国家承担赔偿责任的无罪错判必须同时具备以下三个条件：

人民法院对无罪的公民判处刑罚。

原判刑罚已经执行。

原判决经审判监督程序撤销并且被告人被宣告无罪。

在此，需要注意以下问题：

A.被告人的行为不构成犯罪，但是构成民事违法行为或者行政违法行为，人民法院的有罪判决是否构成错误判决？国家是否承担赔偿责任？对此，一种观点认为，由于被告人实施了违法行为，存在着过错，国家对此不承担赔偿责任，有罪判决虽然被撤销，仍然不构成错误判决。另一种观点认为，国家赔偿法规定的"没有犯罪事实"，限于公民没有实施犯罪行为，不包括民事违法行为和行政违法行为。公民虽然具有过错，但这种过错是民法上的过错和行政法上的过错，而不是刑罚上的过错，不能相互混淆。而且，对没有实施犯罪行为的公民宣判有罪，不是公民的过错，而是国家的过错，国家应当承担赔偿责任。我们认为后一种观点是正确的。

B.法院在一审生效判决中宣告被告人无罪，对判决前的羁押，存在错误拘留和错误逮捕。这两种情况都是无端侵害公民人身权的行为,国家应负赔偿责任。一审判决被告人有罪,在二审程序中被改判无罪的,因刑罚尚未执行,不存在因刑罚执行造成的损害,但一审的有罪判决延长了对被告人的羁押时间,对此损害国家也应当承担赔偿责任。

C.对有罪公民不应当判处死刑而判处死刑且已执行的,国家承担赔偿责任。这种判决虽然是轻罪重判,但与一般的轻罪重判具有质的不同。一般的轻罪重判仅仅涉及公民的人身自由权,而这种轻罪重判侵犯的是公民的生命健康权,公民权利的种类和性质发生了质的变化。这种轻罪重判不是一般的不适当,已经构成违法,国家应当承担赔偿责任。

④刑讯逼供和殴打等暴力行为。刑讯逼供和殴打均属于暴力侵权的范畴。在确认暴力侵权行为时,应当注意的问题是:

A.实施这种暴力侵权行为的主体不限于司法机关的工作人员。受司法机关及其工作人员唆使的人员实施了此类暴力行为,国家也承担赔偿责任。

B.这种暴力侵权行为必须发生在执行职务的活动过程中,且与职权行使有密切的联系。

C.此类行为一般表现为行讯逼供或者殴打等方式,而且必须造成了公民身体伤害或者死亡的后果。

《司法行政机关行政赔偿、刑事赔偿办法》第五条的有关规定,可供我们具体认定此类行为:刑讯逼供或者体罚、虐待服刑人员,造成身体伤害或死亡的;殴打或者唆使、纵容他人殴打服刑人员,造成严重后果的;侮辱服刑人员造成严重后果的;其他违法行为造成服刑人员身体伤害或者死亡的。其他司法机关工作人员若有上述行为,造成犯罪嫌疑人或被告人身体伤害或者死亡的,国家应当赔偿责任。

⑤违法使用武器、警械。《人民警察使用警械和武器条例》第八至十一条对人民警察使用警械、武器作了严格规定。该条例第十条规定,人民警察遇有下列情形之一的,不得使用武器:

A.发现实施犯罪的人为怀孕妇女、儿童的,但是使用枪支、爆炸、

刑事诉讼程序

剧毒等危险物品实施暴力犯罪的除外。

B.犯罪分子处于群众聚集的场所或者存放大量易燃、易爆、剧毒、放射性等危险物品的场所的,但是不使用武器予以制止,将会发生更为严重危害后果的除外。

该条例第十一条规定,人民警察遇有下列情形之一的,应当立即停止使用武器:

A.犯罪分子停止实施犯罪,服从人民警察命令的;

B.犯罪分子失去继续实施犯罪能力的。

(2)侵犯财产权的刑事赔偿

我国国家赔偿法第十六条规定,行使侦查、检察、审判、监狱管理职权的机关及其工作人员在行使职权时有下列侵犯财产权情形之一的,受害人有取得赔偿的权利:

①违法对财产采取查封、扣押、冻结、追缴等措施的。

②依照审判监督程序再审改判无罪,原判罚金、没收财产已经执行的。根据本条规定,国家承担刑事赔偿责任的情况包括如下两种:

A.违法对财产采取查封、扣押、冻结、追缴等措施。

a.查封。在刑事诉讼中,查封是指司法机关及其工作人员将可以作为证据或与案件有关不便提取的财物予以就地封存的一种措施。

b.扣押。根据刑事诉讼法的有关规定,扣押针对的是物证、书证。所谓扣押物证、书证,是指司法机关及其工作人员对发现能够证明犯罪嫌疑人有罪或者无罪的物品、文件,依法强制扣留的一种刑事强制性措施。

c.冻结。冻结是指司法机关及其工作人员在案件的侦查和审理中发现被告人的存款、汇款与案件有直接关系时,要求有关单位对其存款、汇款停止支付或者转移的一种措施。对犯罪嫌疑人的财产,司法机关可以采取查询、冻结措施。

d.追缴。关于追缴措施,刑事诉讼法没有规定。

B.再审无罪,原判罚金、没收财产已经执行的。

罚金和没收财产产生国家赔偿责任的条件是:

第一,判处罚金或者没收财产的判决必须生效,而且已经执行。如果判决没有生效,受害人可以通过上诉的途径申请纠正。判决生效但没有执行的,因为没有发生国家赔偿法规定的财产损害事实,则不产生国家赔偿责任。

第二,生效判决经审判监督程序撤销,受害人被宣告无罪。刑事赔偿以公民无罪为前提。如果依照审判监督程序再审改判被告人无罪,说明原判处的罚金或者没收财产错误,如果已经执行,国家当然应予返还,如果因被判处罚金或者没收财产造成受害人财产损失的。亦应由国家承担赔偿责任。如果经审判监督程序,公民仍然被确认有罪,即使原判决被变更,国家仍然不承担赔偿责任。

133.有没有不予刑事赔偿的情形?

看见小贾获得了赔偿,村里平时游手好闲的王二看见了一条发财之道:想办法让公安关自己几天,出来再要赔偿。于是,他到公安局报案,说自己杀了人。事情的经过说的有鼻子有眼的,还带公安指认现场。最后,公安机关找不到所谓的尸体,王二才说自己根本没有杀人。公安将王二放了回来。王二要求赔偿,可是有关机关工作人员告诉王二:由于王二自己故意做出虚假的陈述,所以,不能赔偿,还要追究王二的其他责任。

答:王二确实不能获得国家赔偿。按照国家赔偿法的规定,并不是所有发生错误的案件都要刑事赔偿,有下列情形之一的不予赔偿:

(1)因公民自己故意作虚假供述,或者伪造其他有罪证据被羁押或者被判处刑罚的。

(2)依照刑法第十七条、第十八条第一款的规定,不负刑事责任的人被羁押的。

(3)依照刑事诉讼法第十五条规定不追究刑事责任的人被羁押的。

(4)侦查、检察、审判、监狱管理机关的工作人员实施的与行使职权无关的个人行为。

(5)因公民自伤、自残等故意行为致使损害发生的。
(6)法律规定的其他免除国家赔偿的情况。

因为王二是自己故意作虚假供述才被羁押的,所以,不能获得国家赔偿。

134.谁承担刑事赔偿的义务?

小贾要求哪个机关赔偿呢?怎样申请赔偿?

答:小贾可以向公安机关申请赔偿。因为法律规定行使国家侦查、检察、审判、监狱管理职权的机关及其工作人员在行使职权时侵犯公民、法人和其他组织的合法权益造成损害的,该机关为赔偿义务机关。小贾的合法权益是被公安机关侵犯的,所以,公安机关是赔偿义务机关。赔偿义务机关应当在收到赔偿请求之日起2个月内作出决定,逾期不作决定或者请求人对赔偿决定不服的,赔偿请求人可以自期限届满之日起30日内或者收到决定书之日起30日内向其上一级机关申请复议。

刑事赔偿程序,分为确认侵权事实阶段、申请与赔偿处理阶段和司法审理阶段这三大阶段。小贾先向赔偿义务机关提出请求,对赔偿义务机关的处理不服时,向其上一级机关申请复议,对赔偿的复议决定不服的,再向与复议机关同级的人民法院赔偿委员会申请赔偿,人民法院赔偿委员会的复议决定是最终决定。

135.刑事案件赃款赃物是否一律随案移送?

秀兰家的电视机被几个公安局的同志抬走了,说电视机是一个盗窃案件中的赃物。秀兰想,我们是掏钱买来的东西,你们的案子结束了就应当把电视机还回来,可是,半年过去了,还是不见归还电视机,秀兰找到公安局一问,公安局的同志说电视机随案移送了。秀兰不知道法律是怎么规定的。

答:刑事诉讼法第一百九十八条规定:"公安机关、人民检察院和人民法院对于扣押、冻结犯罪嫌疑人、被告人的财物及其孳息,应当妥善保管,以供核查。任何单位和个人不得挪用或者自行处理。对被害人的合法财产,应当及时返还。对违禁品或者不宜长期保存的物品,应当依照国家有关规定处理。对作为证据使用的实物应当随案移送,对不宜移送的,应当将其清单、照片或者其他证明文件随案移送。人民法院作出的判决生效以后,对被扣押、冻结的赃款赃物及其孳息,除依法返还被害人的以外,一律没收,上缴国库。司法工作人员贪污、挪用或者私自处理被扣押、冻结的赃款赃物及其孳息的,依法追究刑事责任;不构成犯罪的,给予处分。"

具体来说,赃款赃物是否随案移送,应当根据不同情况作以下处理:(1)对作为证据使用的实物,应当依法随案移送;对不宜移送的,应当将其清单、照片或者其他证明文件随案移送。(2)侦查机关冻结在金融机构的赃款,应当向人民法院随案移送该金融机构出具的证明文件。(3)查封、扣押的赃款赃物,对依法不移送的,应当随案移送证据清单、照片或者其他证明文件。

136.为什么有时候法院把正在审理的案件停了下来?

一天在村口晒太阳的老徐和老孟两个人话不投机打了起来,老徐把老孟打得住进了医院,老孟看病花了5000多元钱。好不容易等到了法院开庭的那一天,当法官问老孟要多少赔偿的时候,老徐突然口吐白沫晕倒了,当天的案子是没有办法审了。第二天,老孟到法院问情况,法官告诉老孟,老徐的病比较严重,一时半会好不了,法院决定中止审理,老孟不知道什么是中止审理。

答:由于老徐的身体原因致使法院当天的审理无法继续进行,由于老徐的病情比较严重,法院不能审理的时间会比较长,所以,法院作出中止审理的决定是正确的。中止审理是指人民法院在审判过程中,因出现使案件在较长时间内无法继续审理的情形,而决定中止审理。根据《最高人民法院关于执行〈中华人民共和国刑事诉讼法〉若干问题的解释(试行)》第一百八十二条的规定,遇到下列情形之一,影响审判进行的,可以中止审理:(1)自诉人、被告人患精神病或其他严重疾病。(2)起诉后被告人逃脱,致使案件在较长时间内无法继续审理的。(3)在审理期间发现不宜适用简易程序情形的。(4)不可抗力。中止审理的原因消失后应当恢复审理。中止审理的期间不计入审理期限。

137.没收财产的判决由谁执行?

经常能听见法院对一个人作出没收财产的判决,人们想知道:财产由谁没收,没收了的财产到哪里去了?

答:没收财产是我国刑法中规定的一个刑罚的种类,既可以独立适用也可以附加适用。无论附加适用或者独立适用,都由人民法院执行;在必要的时候,可以会同公安机关执行。

《最高人民法院关于执行〈中华人民共和国刑事诉讼法〉若干问题的解释》第三百五十八条规定:"发生法律效力的刑事判决、裁定和调解书中涉及财产内容需要执行的,由原审人民法院执行。"

附带民事判决中财产的执行,依照民事诉讼法和最高人民法院的有关规定办理。

第三百六十条规定:"对判处财产刑的犯罪分子或者附带民事诉讼的判决、裁定有执行财产内容的被告人,在本地无财产可供执行的,原判人民法院可以委托其财产所在地人民法院代为执行。代为执行的人民法院执行后或者无法执行的,应当将有关情况及时通知委托的人民法院。代为执行的人民法院可以将执行财产刑的财产直接上缴国库;需要退赔的财产,应当由执行的人民法院移交委托人民法院依法退赔。"

138.什么情况下当事人的申诉法院会受理?

村里的老白,自监狱出来这些年一直在干一件事情,就是不停地跑北京,找人说自己的案子是冤枉的,刚开始人们也相信老白是被冤枉的,但是这么些年过去了不见翻案,人们开始怀疑:老白真的被冤枉了吗?

答：老白的行为可以称为上访、申诉。那么，为什么他的上访没有结果，可能是老白没有证据证明自己被冤枉了。刑事诉讼法规定当事人及其近亲属有申诉的权利，但是申诉不一定有结果，因为申诉必须符合以下条件：

刑事诉讼法第二百零五条对提起审判监督程序的理由，作了原则性的规定，即发现已经发生法律效力的判决、裁定，"在认定事实上或者在适用法律上确有错误"。

（1）在认定事实上的错误

在认定事实上的错误是指原判决、裁定认定的主要事实或者重大情节不清楚或者失实。主要有以下几种情况：

①认定的案件事实不存在或者与客观实际不符。

②据以定罪量刑的证据不确实、不充分或者证明案件事实的主要证据之间存在矛盾。

③有新的证据证明原判决、裁定认定的事实确有错误。

（2）在适用法律上的错误（包括适用实体法与程序法错误）

①定性不准，混淆罪与非罪的界限，错定有罪、错定无罪；错定罪名，混淆此罪与彼罪或者一罪与数罪的界限。

②量刑不当，量刑畸重畸轻，对具有法定从重、从轻或者减轻处罚情节的，未依法从重、从轻或者减轻处罚，致使判处的刑罚与罪行不相适应。

③严重违反法律规定的诉讼程序，影响了对案件的正确判决和裁定。

④审判人员在审理该案件的时候，有贪污受贿、徇私舞弊、枉法裁判行为。

申诉人向人民法院提出申诉的应当提交申诉状、原一审二审判决书、裁定书等法律文书、新的证据等。人民法院对申诉人在原判决执行完毕后的2年内提出申诉的，应当受理；超过2年提出申诉，有下列情形之一的应当受理：①可能对原审被告人宣告无罪的；②原审被告人在2年内提出申诉但是人民法院未受理的；③属于疑难、复杂、重大案件的。不符合上述情形的人民法院不予受理。

此外,以下情形人民法院也是不予受理:①申诉不符合法定主体资格;②上级人民法院对经过终审法院的上一级人民法院依照审判监督程序审理后维持原判或者经过两级人民法院依照审判监督程序复查均驳回的申诉案件,一般不予受理。但是,申诉人提出新理由,并且符合刑事诉讼法第二百零四条规定的条件的除外;③最高人民法院再审裁判或者复查驳回的案件,申诉人仍然不服提出申诉的,不予受理。

139.审判监督程序由谁提起?

如果老白有证据证明自己的判决是错误的,那他就可以坐在法庭上了吗?

答:不行。即使老白有证据证明法院的判决是错误的,但是,法律规定有权提起审判监督程序的机关只能是法院和检察院。

我国刑事诉讼法第二百零五条、《刑事诉讼法解释》和《人民检察院刑事诉讼规则》对提起审判监督程序的主体、权限作了明确规定:

(1)各级人民法院院长及其审判委员会

各级人民法院院长对本院已经发生法律效力的判决和裁定,如果发现在认定事实上或者在适用法律上确有错误,必须提交本院审判委员会处理。

各级人民法院院长对本院已经发生法律效力的判决和裁定,如果发现确有错误,需要提起再审程序时,应当由院长提交本院审判委员会决定,审判委员会讨论后,如果认为原判决、裁定确有错误,应当作出另行组成合议庭再审的决定。

(2)最高人民法院、上级人民法院

最高人民法院对各级人民法院已经发生法律效力的判决和裁定,上级人民法院对下级人民法院已经发生法律效力的判决和裁定,如果发现确有错误,有权提审或者指令下级人民法院再审。

所谓提审是指上级人民法院在认为该案由原审人民法院审判不

适宜时,将该案提调自行审判的一种诉讼活动。而指令下级人民法院再审,一般是指由原审人民法院重新审判。提审和指令下级人民法院再审,是最高人民法院和上级人民法院对下级人民法院的生效裁判提起审判监督程序的两种方式。根据《刑事诉讼法解释》,最高人民法院对各级人民法院已经发生法律效力的判决和裁定,上级人民法院对下级人民法院已经发生法律效力的判决和裁定,如果发现确有错误,可以指令下级人民法院再审;对于原判决、裁定认定事实正确,但是适用法律上错误,或者案情疑难、复杂、重大的,或者有其他不宜由原审人民法院审理的情况的案件,也可以提审。

(3)最高人民检察院及上级人民检察院

最高人民检察对各级人民法院已经发生法律效力的判决和裁定,上级人民检察院对下级人民法院已经发生法律效力的判决和裁定,如果发现确有错误,有权按照审判监督程序向同级人民法院提出抗诉。

140.法律是一成不变的吗?

一天,老何拿了一本农家书屋的法律书,发现上面几乎都写的是按照×××××法的规定是什么样的,老何想知道:法律是一成不变的吗?

答:不是。法律一直在修改过程中,就以刑事诉讼法为例,1979年我国制定了第一部刑事诉讼法,随着政治经济的发展,1997年进行了修订。随着我国对外联系的紧密,司法体制的健全,现在的刑事诉讼法有可能再一次修改。所以,要不停地学习才能了解到最新的立法。遇到问题的时候要依据最新的法律进行分析和判断。

下编　常用法律文书格式

1.起诉书

刑事起诉书

（　）检刑诉字第　　号

被告人（写明姓名、性别、出生年月日、民族、出生地、文化程度、职业或者工作单位和职务、住址以及因本案所受强制措施、关押处所）。

案由和案件来源（被告人　　一案（写明姓名、案由），由公安局侦查终结移送本院审查起诉，经本院审查查明，被告人的犯罪事实如下）：

犯罪事实和证据：

犯罪的时间、地点、经过、手段、动机、目的、危害后果等七大要素。

上述犯罪事实，有被告人供述、物证、勘验检查笔录等证据。事实清楚，证据确实充分。

综上所述，被告人触犯的刑法条款、犯罪的性质、对社会危害性的大小；有从重、从轻或减轻的情节，还应根据被告人认罪态度及其他原因，说明从宽或从严处罚的理由。

此致

　　人民法院

检察员：

年　月　日

附：(1)被告人现押于(何处)；
　　(2)证据目录；
　　(3)证人名单；
　　(4)主要证据复印件某页；
　　(5)随案附送的物证。

2. 刑事申诉状

刑事申诉状

申诉人(刑事案件的当事人及其法定代理人、近亲属、委托律师)：

写明姓名、性别、出生年月日、民族、籍贯、职业或工作单位和职务、住址等基本情况，律师只需写明姓名及其所在律师事务所名称。

申诉人 _____ 对 _____ 人民法院 _____ 年 _____ 月 ____ 日( )字第 _____ 号刑事判决(或裁定)，提出申诉。

请求事项：

(写明请求事项的要点)

事实与理由：

(写明基本的案情事实，审判结果以及具体的申诉理由和法律依据)

　　此致
_____ 人民法院

申诉人：(签名或盖章)
代书人：(签名或盖章)
年　月　日

附：原审 _____ 书复印件 1 份

3.减刑(假释)申请书

减刑(假释)申请书

_____监狱(劳改队):

罪犯本人的基本情况和案由情况:

罪犯本人自入监(或上次减刑)以来悔改表现及立功表现:

申请减刑或假释的理由和法律依据:

正式提了减刑或假释申请。

敬请

审核

申请人:(签名或盖章)
年　月　日

4.刑事附带民事诉讼起诉状

刑事附带民事诉讼起诉状

原告人:姓名,性别,年龄,民族,工作单位,家庭住址,联系方式。

委托代理人:姓名,性别,单位,联系方式。

被告人:姓名,性别,年龄,民族,工作单位,家庭住址。

请求事项:

一、要求依法追究被告人故意伤害刑事责任。

二、要求被告人支付各项伤害赔偿费合计×××元。

事实和理由:

(写清楚事情的经过和相关的法律依据)

此致

　　人民法院

起诉人:(签名或盖章)
年　月　日

5.刑事上诉状

刑事上诉状

上诉人:姓名、性别、出生年月、民族、文化程度、工作单位、职业、住址(上诉人如为单位,应写明单位名称、法定代表人姓名及职务、单位地址)。

因 ＿＿＿(写明案由,即纠纷的性质)一案不服 ＿＿＿＿人民法院(写明一审法院名称)＿＿＿ 第 ＿＿ 号 ＿＿ 刑事判决,现提出上诉,上诉请求及理由如下:

请求事项:(写明提出上诉所要达到的目的)

事实和理由:(写明上诉的事实依据和法律依据,应针对一审判决认定事实、适用法律或审判程序上存在的问题和错误陈述理由)

此致
＿＿＿＿ 人民法院

上诉人:(签名或盖章)
年　月　日

附:本上诉状副本 ＿＿ 份(按被上诉人人数确定份数)。

6.刑事申诉状

刑事申诉状

申诉人:＿＿＿＿＿＿＿＿＿＿

申诉人 ＿＿＿＿ 对 ＿＿＿＿ 人民法院 ＿＿ 年 ＿＿ 月 ＿＿ 日( )＿＿ 字第 ＿＿ 号刑事判决(或裁定)不服,提出申诉。申请再审。

请求事项:＿

事实与理由:＿＿＿＿＿＿＿＿＿

此致
＿＿＿＿ 人民法院

申诉人:(签名或盖章)
代书人:(签名或盖章)
　　年　　月　　日

附:原审_____书复印件1份

7.刑事自诉案件起诉状

刑事自诉案件起诉状

自诉人:姓名、性别、出生年月日、民族、籍贯、职业或工作单位和职务、住址等。

被告人:姓名、性别等情况,出生年月日不详者可写其年龄。

案由和诉讼请求

(被告人被控告的罪名和具体的诉讼请求)

事实与理由

(被告人犯罪的时间、地点、侵害的客体、动机、目的、情节、手段及造成的后果。有附带民事诉讼内容的,在写明被告人的犯罪事实之后写清。理由应阐明被告人构成的罪名和法律依据)

证据和证据来源,证人姓名和住址

(主要证据及其来源,证人姓名和住址。如证据、证人在事实部分已经写明,此处只需点明证据名称、证人详细住址)

此致

_____人民法院

自诉人:(签名或盖章)
代书人:(签名或盖章)
　　年　　月　　日

附:本诉状副本__份

8.刑事自诉案件反诉状

刑事自诉案件反诉状

反诉人(本诉被告人):姓名、性别、出生年月、民族、文化程度、工作单位、职业、住址。

诉讼代理人:姓名,单位。

被反诉人(本诉自诉人):姓名、性别、出生年月、民族、文化程度、工作单位、职业、住址。

反诉请求:

(1)要求人民法院以侮辱罪给予被反诉人　　　刑事处分;(2)要求被反诉人　　赔偿医药费　　元,误工费　　元,合计人民币　　元。

事实和理由:

(应详述事实经过,此略。)

被反诉人　　先对我提起了刑事附带民事诉讼,我认为自己很冤枉。因此,也依据《中华人民共和国刑法》第　　条和《中华人民共和国刑事诉讼法》第　　条和第　　条的规定,向人民法院提出反诉,以维护我的合法权益。

证据情况:

1.医院诊断证明　　份;

2.治疗费用单据　　张;

3.　　月份工资单一份。

此致

　　人民法院:

反诉人:(签名或盖章)
代书人:(签名或盖章)
年　月　日

(附:本诉状副本二份)

9.辩护词

关于 ___(姓名)_____(案由)一案的辩护词

审判长、审判员:

根据《中华人民共和国刑事诉讼法》第三十二条第一款的规定,我接受 _____(主要犯罪嫌疑人或被告人姓名)_____(案由)一案的犯罪嫌疑人 _____ 的委托,律师事务所的指派担任他的辩护人,为他进行辩护。

在此之前,我研究了 _____ 人民检察院对本案的起诉书,查阅了卷宗材料,会见了犯罪嫌疑人,走访了有关证人,并且对现场进行了勘察,获得充分的事实材料和证据。我认为   (写清楚自己的观点)。理由如下:

综上所述,我认为:

根据《中华人民共和国刑法》第 ____ 条第 ____ 款之规定,请求检察机关对本案犯罪嫌疑人 _____ (请求法庭对被告人宣告无罪或免除处罚或从轻、减轻处罚)。

辩护人:(签名或者盖章)
年　　月　　日

10.重新鉴定、勘验申请书

重新鉴定、勘验申请书

申请人姓名、性别、出生年月、民族、文化程度、工作单位、职业、住址。

申请事项:重新鉴定、勘验。

事实与理由:

我作为　　案　　人,认为关于　　　的鉴定(勘验)存在以下问题:

根据《中华人民共和国刑事诉讼法》第一百五十九条的规定,特提请对　　事项重新鉴定、勘验。

此致

人民法院

申请人:(签名或者盖章)

年　月　日

参考文献

[1] 卞建林.中华人民共和国刑事诉讼法释义与应用.吉林:吉林人民出版社,1996.

[2] 陈光中.联合国刑事司法准则与中国刑事法制.北京:法律出版社,1998.

[3] 陈光中.刑事诉讼法学(新编).北京:中国政法大学出版社,1996.

[4] 龙宗智,杨建广.刑事诉讼法.北京:高等教育出版社,2003.

[5] 宋英辉.刑事诉讼法实施问题研究.北京:中国法制出版社,2000.

[6] 毕玉谦.中国司法审判论坛.北京:法律出版社,2001.

[7] 陈光中.刑事诉讼法学.北京:北京大学出版社.高等教育出版社,2007.

[8] 卞建林.刑事起诉制度的理论与实践.北京:中国检察出版社,1993.

[9] 龙宗智.刑事庭审制度研究.北京:中国政法大学出版社,2001.

[10] 谢佑平.刑事诉讼法学.上海:复旦大学出版社,2002.

[11] 甄贞.刑事诉讼法学研究综述.北京:法律出版社,2002.

[12] 陈光中,徐静村.刑事诉讼法学.北京:中国政法大学出版社,1999.

[13] 孙长永.沉默权制度研究.北京:法律出版社,2001.

[14] 卞建林.中华人民共和国刑事诉讼法修改建议稿与论证.北京:中国方正出版社,1999.

[15] 王宏璎.刑事诉讼法学.兰州:兰州大学出版社,2006.

后 记

在我国五千年历史长河中,自给自足的农耕社会,虽创造了璀璨厚重的农业文明,但也遮闭了更为广阔的权利视野和独立的主体人格,以及人们对平等权的认知与追求,直至我国农业逐步实现现代化的新时期,历史的那个幽灵似乎仍然盘缠难去。新中国成立后,特别是改革开放30年来,党中央数次召开中央全会,专题讨论"三农"问题,先后发布了11个"一号文件",以"强农扶农、支农惠农"为主题,采取"多予、少取、放活"政策,加快"三农"建设步伐,使农村发生了翻天覆地的巨大变化,农民的生活水平显著改善,经济收入大幅提高。但不容否认,截至今天,作为相对弱势的9亿农民,仍面临土地承包与流转、综合与专项补贴、粮食与食品安全、婚姻家庭、赡养抚育、耕地保护、生态污染、医疗卫生、文化教育、社会保障、人身安全等一系列挑战与困扰,农民权益的缺失依然是我国农村法制化建设的瓶颈。"没有农村的法制化就没有中国的法制化,没有农民法律意识的提高就没有中国的民主法治"。由此,农民群众不仅要摆脱封建专制、"重礼轻法"等传统观念的束缚,更要在"五五普法"的基础上,树立社会主义法治理念,熟知法律知识,善用法律武器,以真正的司法救济维护自身权益。也是基于这一认识,我们策划出版了这套《农家书屋文库·法律系列》丛书,以期在农村法制化建设和社会主义和谐社会建设中发挥作用。

这套大型法律知识普及读本,以科学发展观和党的十七大精神为指导,紧密结合新时期农民生产生活和改革开放30年来农民对法律知识的新需求编排内容,既考虑了法律学科知识内在的系统性,又考虑了其实践性的特点。全套丛书采取一事一议、一问一答、以案说

刑事诉讼程序

法等多种形式,生动简明、通俗易懂地解析法律知识,注重普及与创新结合、理论与实践结合,凸现可读性与实用性,以图农民朋友于日常生活的一点一滴中切实体会到法的不可或缺,进而成为法制社会的主人。

　　本丛书由人大、政府、司法、高等院校法学院、律师事务所、仲裁委等部门的百余名法学教授、专家、司法工作者参与撰写。在编写过程中,甘肃省法学会和甘肃文化出版社多次组织丛书编纂工作座谈会,就选题优化、编纂体例、内容安排、写作方式等反复斟酌,多方交流,使丛书的主旨清晰突出,内容紧凑新颖。各位专家学者怀着对父老乡亲的深厚情意,满腔热情、义无反顾地投入编写工作,以高度的责任感和严谨审慎的专业精神,完成了各分册的编撰。全套丛书分为宪法、行政法、民法、商法、婚姻法、经济法、刑法、生态环境与自然环境法、知识产权法、社会法、诉讼法、法理学等十二个门类,体系完整,内容丰富,真正体现了为农民所想、为农民所用的编写思路,出版后,期望能成为广大农民读者系统学习法律知识、正确运用法律工具的基础性读物。

　　本丛书在出版过程中,省委政法委、省新闻出版局给予高度关注和热情支持,省委常委、省委政法委书记罗笑虎亲作总序,甘肃省新闻出版局局长张余胜亲任编委会主任与总主编,省委政法委副书记杨景海、省委宣传部副部长管钰年,省新闻出版局副局长李玉政、汪晓军、袁爱华,纪检组长赵莉、副巡视员文斌虎,省法学会秘书长相连生,以及省新闻出版局罗和平、梁辉、卢旺存、刘伟、邢玮、雷建宏等同志,对丛书的立项和出版给予了精心指导和大力支持,有力保障了这一出版项目的顺利实施。

　　甘肃文化出版社社长兼总编辑谢国西策划了这套丛书,并和省法学会学术委员会主任、兰州大学法学院李功国教授共同担纲丛书的执行主编。二位精心设计了编写思路,拟订了编写体例,统筹制订了出版计划。李功国教授不辞辛劳,约请了所有作者,并与各位作者商讨敲定了各分册的内容结构,精心组织了书稿的撰写,审阅了丛书

后记

全部初稿。甘肃文化出版社副总编车满宝、副社长管卫中作为丛书的执行副主编,谋篇审稿,严格把关,保证了丛书出版工作有条不紊地开展;副社长王奕、副总编温雅莉在组织协调、装帧设计、印制质检等方面做了一系列卓有成效的工作;编辑郧军涛负责了整套丛书的编务工作,并与周乾隆、王天芹等查缺补漏,校正错讹,保证了丛书的高质量、高品位。正是这些同志的共同努力,使这套规模宏大、严谨周密的法律读本如期面世。

法律是农民权利的基本保障,以法律解决"三农"问题,是法治国家的内在要求;普法教育更是全面建设小康社会的"第一堂课",新农村之"新",关键也就在于通过普法,把农民重新植入新的法制环境中,保障农村、农业获得更多的发展空间与发展动力。愿这套丛书能让"依法治农"思想真正融入农民的精神世界,能引导农民群众懂法、守法、用法,达到"送法进万家、老少齐知法"的目的!愿法治之魂永存,和谐之风常在!

《农家书屋文库·法律系列》编委会

《农家书屋文库·法律系列》总书目

书　名	定价（估）
1.《我国农业立法与种植业、养殖业》	26.00 元
2.《"三农"问题与法律调整》	23.00 元
3.《农村干部法律读本》	21.00 元
4.《新农村建设与法律促进》	19.00 元
5.《科技立法与农村科技进步》	23.00 元
6.《法与农民生活》	19.00 元
7.《传媒下乡的理与法》	19.00 元
8.《中国传统法律文化今读》	21.00 元
9.《中国法制史话》	17.00 元
10.《涉农典型案例评析》	24.00 元
11.《证据说话一百问》	17.00 元
12.《宪法与农民生活》	19.00 元
13.《县乡政权和村民自治》	21.00 元
14.《甘肃省地方性法规涉农规定解读》	23.00 元
15.《少数民族权益保护实用读本》	19.00 元
16.《依法行政与农民生活》	19.00 元
17.《农村教育制度与问题答疑》	23.00 元
18.《农村医疗卫生法律指导》	19.00 元
19.《农村社会治安综合治理》	21.00 元
20.《行政争议解决及国家救济途径》	17.00 元
21.《民法，农民生活日用之法》	24.00 元
22.《土地物权与农民生活》	19.00 元
23.《农村土地及房产维权指南》	21.00 元
24.《农村合同法律实务》	21.00 元
25.《企业法与公司法二百问》	23.00 元
26.《农村电子商务法律问题》	19.00 元

27.《农村民事侵权与损害赔偿读本》　　　　17.00元
28.《农民工权益保护实用读本》　　　　　　19.00元
29.《民事诉讼法与农民生活》　　　　　　　23.00元
30.《农村婚姻家庭》　　　　　　　　　　　17.00元
31.《夫妻财产权法律指导》　　　　　　　　17.00元
32.《计划生育与农民生育权》　　　　　　　28.00元
33.《继承法与农民生活》　　　　　　　　　21.00元
34.《知识产权与农业现代化》　　　　　　　17.00元
35.《农民与知识产权》　　　　　　　　　　21.00元
36.《特色农产品法律保护》　　　　　　　　19.00元
37.《西部生态环境与法制》　　　　　　　　17.00元
38.《农村生态环境保护法律读本》　　　　　24.00元
39.《农民用水权益法律保护》　　　　　　　21.00元
40.《民间谚语中的法律观念》　　　　　　　17.00元
41.《农民林权保护实用读本》　　　　　　　21.00元
42.《农牧区草原湿地法律保护》　　　　　　17.00元
43.《农村常见犯罪与刑事处罚》　　　　　　23.00元
44.《侵犯财产犯罪知识问答》　　　　　　　21.00元
45.《农村人身犯罪与刑罚》　　　　　　　　21.00元
46.《农村社会稳定与群众工作读本》　　　　19.00元
47.《刑事诉讼程序》　　　　　　　　　　　19.00元
48.《农村金融法律实务》　　　　　　　　　21.00元
49.《银行法与农民生活》　　　　　　　　　23.00元
50.《农村税收实务问答》　　　　　　　　　23.00元
51.《农村社会保障实务问答》　　　　　　　17.00元
52.《产品质量维权知识问答》　　　　　　　17.00元
53.《农村常见劳动纠纷与解决》　　　　　　19.00元
54.《农村用工制度读本》　　　　　　　　　17.00元
55.《农村文化建设的法治之路》　　　　　　21.00元
56.《农村公共安全知识问答》　　　　　　　23.00元
57.《农村校园问题法律解读》　　　　　　　19.00元
58.《仲裁法律知识读本》　　　　　　　　　21.00元
59.《农村律师法律知识指导》　　　　　　　21.00元
60.《司法鉴定知识问答》　　　　　　　　　19.00元

图书在版编目（CIP）数据

刑事诉讼程序/王宏璎编著. —兰州：甘肃文化出版社，2009.10
（农家书屋文库·法律系列）
ISBN 978-7-80714-889-0

Ⅰ.①刑… Ⅱ.①王… Ⅲ.①刑事诉讼-诉讼程序-中国-问答 Ⅳ.①D925.218.05

中国版本图书馆CIP数据核字（2009）第182586号

刑事诉讼程序

王宏璎　编著

责任编辑：周桂珍
责任校对：筱　舟
封面设计：锐园设计

出	版：	甘肃文化出版社
地	址：	兰州市曹家巷1号
邮	编：	730030
营	销：	甘肃文化出版社发行部　（0931）8454870
排	版：	天水新华印刷厂
印	刷：	天水新华印刷厂
地	址：	天水市秦州区赤峪路109号
邮	编：	741001
开	本：	850×1168毫米　1/16
字	数：	135千
印	张：	10
版	次：	2009年10月第1版
印	次：	2009年10月第1次
书	号：	ISBN 978-7-80714-889-0
定	价：	19.00元

本书如存在印装质量问题，请与印厂联系调换
版权所有　违者必究